AUSGEWÄHLTE TEXTE

Herausgegeben von
Hans Christian Meiser

SENECA

GOLDMANN VERLAG

Der Goldmann Verlag
ist ein Unternehmen der Verlagsgruppe Bertelsmann

Made in Germany · 1/90 · 1. Auflage

Umschlaggestaltung: Design Team München
Umschlagbild: Interfoto, München
Satz: Filmsatz Schröter GmbH, München
Druck: Presse-Druck, Augsburg
Verlagsnummer: 11046
Lektorat: Ulrike Kloepfer
Herstellung: Gisela Ernst
ISBN 3-442-011046-7

Inhalt

Zur Person

Lucius Annaeus Seneca, der Philosoph und Staatsmann, wurde um das Jahr 4 v. Chr. in Cordoba (Spanien) geboren. Mit seinem Vater, einem römischen Ritter und Rhetor, kam er in seiner Jugend nach Rom. Seneca erhielt dort Unterricht von Stoikern und Pythagoreern. Seine Ämterlaufbahn, die er unter Caligula begonnen hatte, wurde jäh unterbrochen, als ihn Claudius auf das Betreiben Messalinas nach Korsika in die Verbannung schickte. Acht Jahre später, 49 n. Chr., rief ihn Agrippina nach Rom zurück und vertraute ihm die Erziehung Neros an. Dieser Aufgabe widmete sich Seneca mit besonderer Sorgfalt. Mehrere Jahre lang hatte er das Konsulat inne und war der einflußreichste Mann im Staat. Nero begann jedoch bald nach seinem Regierungsantritt (54 n. Chr.) seine Macht zu mißbrauchen. Das unberechenbare Wesen des Kaisers und die Intrigen am Hof veranlaßten Seneca, sich ins Privatleben zurückzuziehen. Im Jahre 65 n. Chr. wurde er der Teilnahme an der pisonischen Verschwörung beschuldigt und machte, von Nero gezwungen, seinem Leben ein Ende.

Das schriftstellerische Werk Senecas umfaßt neun Tragödien, eine Satire auf Kaiser Claudius, naturwissenschaftliche Untersuchungen und philosophische Schriften. Vor allem seine philosophischen Dialoge und die moralischen Briefe an Lucillus, in denen er der Lehrmeinung der Stoiker folgt, haben bis in die Gegenwart eine nachhaltige Wirkung ausgeübt.

Von der Kürze des Lebens (De brevitate vitae)

Die meisten Menschen führen Klage über die Mißgunst der Natur, da sie nur für eine so kurze Zeitspanne ins Leben träten, da die ihnen zugemessene Lebensfrist so rasch, ja stürmisch ablaufe, da das Leben die Mehrzahl der Menschen mit ganz geringen Ausnahmen im Stich lasse, während sie gerade damit beschäftigt sind, sich im Leben einzurichten. Über diesen allgemeinen Mißstand, den man darin sieht, erhebt nicht nur die große Masse und der geistig tiefstehende Pöbel immer wieder bewegte Klage, nein, sogar bedeutende Männer fühlten sich darob beschwert, und daher auch das Wort des bedeutendsten Arztes (Hippokrates): »Kurz ist das Leben, lang die Kunst.« Und ein Aristoteles hadert gar mit der Natur und äußert sich, wie es einem Weisen nicht gerade gut ansteht, indem er sagt, die Natur sei gegen die Tiere so freundlich, daß sie fünf, ja zehn Jahrhunderte am Leben bleiben dürften, während sie dem Menschen, der zu so vielem und zu so Großem geboren sei, eine viel kürzere Lebenszeit zugemessen habe. Es ist aber nicht so, daß es uns an Zeit fehlte, sondern wir gehen nicht haushälterisch genug mit ihr um. Das Leben reicht aus, um sogar die größten Dinge zu vollenden, wenn man es nur gut gebraucht. Zerrinnt es uns aber in Schwelgerei und Nichtstun, ohne daß wir es für eine gute Sache verwenden, dann spüren wir erst unter dem Eindruck der äußersten Not, daß es vorbei ist; während es zerrann, bemerkten wir nichts davon. So ist es eben: das Leben ist nicht kurz, so wie wir es empfangen, sondern wie wir es machen, und wir haben nicht Mangel an Leben, nein, wir verschwenden es nur. Gelangen die gewaltigen Schätze von Königen in die Hände schlechter Herren, dann sind sie im Augenblick dahin; bekommt aber ein tüchtiger Haushälter noch so bescheidene Güter in Verwahrung, dann wachsen sie und mehren sich unter seiner Hand. Genauso hat unser Leben für den, der gut damit umzugehen weiß, genügend Raum.

Wozu die Klage über die Natur? Sie hat sich ja freundlich gezeigt; das Leben ist lang, wenn man es zu gebrauchen weiß. Der eine aber läßt sich durch nimmersatte Habgier in Fesseln schlagen, der andere wird das Opfer seiner Wichtigtuerei und seiner Arbeitswut, die er an völlig überflüssige Dinge verschwendet; einem wird der Gaumen vom Wein nicht trocken, ein anderer ist so faul, daß seine Kräfte verkümmern; einer lebt in aufreibender Spannung, was die Leute wohl über ihn sagen, den anderen jagt vor lauter Gewinnstreben die Sucht, Handel zu treiben, in allen Ländern, auf allen Meeren umher. Manche verfallen hoffnungslos der Lust am Kriegsdienst, da sie ständig ihr Auge auf das gefährliche Leben der anderen heften müssen oder wegen ihrer eigenen Gefährdung besorgt sind; wieder andere werden die Opfer undankbarer Herren, denen sie in freiwilliger Knechtschaft dienen. Vielen macht es zu schaffen, daß sie dem Glück ihrer Mitmenschen nacheifern oder daß sie ihr eigenes Los beklagen. Die meisten aber haben kein festes Ziel vor sich und lassen sich von einer unstet schwankenden, mit sich selbst zerfallenen Unbeständigkeit von einem Unternehmen zum anderen treiben. Es gibt Menschen, die an nichts in der Weise Gefallen finden, daß sie ein Lebensziel darin sehen könnten; der Tod überfällt sie, während sie schlaftrunken gähnen, so daß es mit dem orakelähnlichen Spruch, der bei einem bedeutenden Dichter zu lesen ist, seine Richtigkeit hat: »Wir leben nur den allerkleinsten Teil des Lebens«; die ganze restliche Spanne ist nicht Leben, sondern eben nur Zeit. Von überallher drängt sich das Laster an uns heran und verwehrt es uns, aufzustehen und das Auge zu erheben, daß wir die Wahrheit prüfen; nein, es will uns niederhalten im Bann der Begierden. Nie ist es den Menschen gegeben, den Weg zu sich selbst zu finden, wenn ihnen etwa einmal aus Zufall Ruhe zuteil wird; so wie das tiefe Meer, dessen Wogen sich auch nach dem Sturm noch aufbäumen, schwanken sie ruhelos hin und her, und die Begierden lassen ihnen keinen Frieden. Glaubst du, ich spreche von denen, über deren üble Lage es keinen Zweifel gibt? Sieh doch auf jene, deren Glück das Ziel aller ist: sie ersticken geradezu darin. Wie viele empfinden ihren Reichtum als Last! Wie viele ziehen sich durch ihre Tätigkeit als Redner – täglich bewundert man sie darob – ein Lungenleiden zu! Wie viele sind gezeichnet von ihren unablässigen Schwelgereien! Wie viele sind die Gefangenen der Klientenschar, die sie umgibt! Ja, vom Niedrigsten bis zum Höchsten magst du alle dir vornehmen: Der eine braucht einen Anwalt, der andere ist selbst als solcher tätig; der eine ist angeklagt, der andere verteidigt ihn, ein Dritter gibt sich als Richter; keiner ist für sich selbst da, einer ist das Opfer des anderen. Befasse dich mit denen, deren Namen in aller Munde sind: Du wirst sehen, sie unterscheiden sich dadurch, daß der eine für den, der andere für jenen da ist, keiner für sich! Viele haben absolut keinen vernünftigen Grund zur Unzufriedenheit; sie erregen sich über die verächtliche Behandlung, die sie von Höhergestellten erfahren, etwa wenn diese ihnen beim Besuch die kalte Schulter zeigten. Der gleiche Mensch, der für sich selbst nie zugegen ist, bringt es fertig, über den Stolz eines anderen Klage zu führen, während dieser, wer immer es ist, doch wenigstens einmal einen wenn auch stolzen Blick für dich übrig hatte oder sich herabließ, dich anzuhören. Er hat dich immerhin an seine Seite geholt, während du dich selbst nie eines Blicks für wert hieltest oder dir selbst dein Ohr schenken wolltest.

So hast du also keinen Grund, solche Dienste jemandem als Gegendienst aufzurechnen; denn während du dich damit befaßtest, hattest du ja nicht die Absicht, für einen anderen dazusein, sondern du wußtest nur nicht für dich selbst dazusein. Wollten sich alle bedeutenden Geister, die jemals von sich reden machten, auf diesen einen Umstand konzentrieren, niemals könnten sie über eine solche Verdüsterung menschlichen Denkens genugsam staunen. Niemandem gestatten sie ihre Landgüter in Besitz zu nehmen, und beim geringsten Streit um eine Grenzmark greifen sie schon nach Steinen und Waffen; in ihr Leben aber geben sie jedermann Zutritt, ja, sie holen sogar selbst jene heran, die davon Besitz ergreifen wollen. Keiner ist, der sein Geld an andere verteilen möchte, das Leben aber vergibt jeder, und unter wie viele verteilt er es! Gilt es das Vermögen zu wahren, dann sind die Menschen zugeknöpft; steht aber die Zeit auf dem Spiel, dann geben sie mit vollen Händen aus, während doch gerade hier der Geiz eine Tugend wäre. Nehmen wir uns einen aus dem Kreis der Älteren vor, um zu ihm also zu sprechen: »Wie wir sehen, hast du die höchste Stufe des menschlichen Lebensalters erreicht, denn hundert oder gar noch mehr Jahre hast du auf deinem Rücken. Nun gib Rechenschaft von deinen Jahren! Sag uns, wieviel Zeit dich dein Gläubiger gekostet hat, wieviel deine Geliebte! Wieviel dein Vorgesetzter, wieviel dein Klient, wieviel der Hader mit deinem Weib, wieviel die Schererei mit deinen Sklaven und wieviel deine dienstbeflissenen Rennereien in der Stadt? Nimm noch die selbstverschuldeten Erkrankungen dazu und die nutzlos vertane Zeit, so wirst du sehen, die Rechnung ergibt weniger Jahre, als du zählst. Denk daran, wenn du schon unbelehrbar bei einem Entschluß verharrtest, wie wenig Tage es waren, die du deiner Absicht gemäß verbrachtest, wenn du überhaupt zu dir selbst kamst, wenn dein Blick deinem Zustand entsprach, wenn dein Gemüt nicht bangte, was du vollends an Werken in dieser langen Lebenszeit zustande gebracht hast, wie viele sich an deinem Leben bereicherten, ohne daß du den Verlust gewahr wurdest, wie teuer dich unbegründeter Kummer zu stehen kam, leidenschaftliche Gier und tändelnde Unterhaltung, wie wenig dir verblieb von dem, was du besaßest – denk an all dies, und du wirst zugeben müssen, daß du als unreife Frucht vom Lebensbaume fällst.«

Was ist nun schuld an all dem? Ihr lebt so, als währte euer Leben ewig; niemals denkt ihr daran, wie kümmerlich es um euch bestellt ist; kein Auge habt ihr dafür, welche Zeitspanne schon vorüber ist; ihr geht damit um, als hättet ihr Zeit in unbegrenztem Maße, während doch vielleicht gerade der Tag, den ihr einem Menschen oder einer Sache widmet, der letzte ist. Vor allem habt ihr Angst, wie eben Sterbliche Angst haben; alles aber begehrt ihr auch so, als wäret ihr unsterblich. Von den meisten bekommt man zu hören: »Von meinem fünfzigsten Lebensjahr an will ich mich der Muße widmen« oder: »Das sechzigste Jahr soll mich frei von allen Ämtern sehen.« Doch wer bürgt dir schon dafür, daß du so lange lebst? Wer soll dafür sorgen, daß die Dinge so verlaufen, wie du es dir vorstellst? Hast du keine Bedenken, nur den Rest des Lebens für dich zu behalten und für den hohen Geist nur die Zeit zu bestimmen, die für etwas anderes nicht mehr taugt? Und es ist doch allzu spät, wenn man dann erst zu leben beginnt, wenn das Ende schon bevorsteht! So kann nur ein Tor die Tatsache der Sterblichkeit vergessen, der kluge Vorsätze auf das fünfzigste oder sechzigste Lebensjahr verschiebt und erst in dem Lebensalter zu leben anfangen will, das nur wenige erreichen. Man kann beobachten, wie mächtige Männer, Leute des höchsten Rangs sich gelegentlich äußern, als wünschten sie sich die Muße, wie sie gar ihr Loblied singen und ihr den Vorzug geben vor all ihrer eigenen Pracht. Wäre es ohne Gefahr möglich, so wollten sie dann und wann gern von ihrer Höhe heruntersteigen. Denn mag es auch äußerlich ruhig um sie sein, mag sie auch nichts aus dieser Ruhe bringen: das Glück trägt seinen Sturz in sich selbst.

Der verewigte Augustus, dem die Götter mehr als jedem anderen gewährten, flehte unablässig um Ruhe und bat immer wieder darum, man möge die Last der Staatsgeschäfte von ihm nehmen. Was er auch sprach, stets lief es darauf hinaus, daß er sich nach Ruhe sehnte. Dieser unbegründete aber gleichwohl angenehme Trost, daß die Zeit kommen werde, wo er sich selbst gehörte, machte ihm seine Mühen erträglicher. In einem seiner Schreiben an den Senat lese ich unmittelbar im Anschluß an das Versprechen, seinen Ruhestand in aller Würde und in aller Übereinstimmung mit seinem einstigen Ansehen hinzubringen, folgende

Worte: »Freilich bringt es mehr Ruhm solches zu halten, als es zu versprechen. Das Begehren nach dieser von mir so ersehnten Zeit hat mich in eine spätere Zeit versetzt, so daß ich mir, da ich mich noch nicht an der Wirklichkeit freuen darf, einigen angenehmen Genuß vorwegnehme, indem ich bloß davon rede.« So herrlich kam ihm die Muße vor, daß er sie in seinem Denken vorausgenoß, da es in Wirklichkeit nicht möglich war. Er, der immer wieder sehen mußte, wie alles an ihm allein hing, der über die Schicksale der einzelnen wie ganzer Völker zu entscheiden hatte, gedachte freudevoll des Tages, da er dieser Herrlichkeit Lebewohl sagen durfte. Er wußte es ja, wieviel Schweiß ihm jenes Glück abverlangt hatte, das über die ganze Welt hin strahlte, er wußte auch, wieviel verborgenes Leid es verdeckte. Zuerst mußte er gegen seine eigenen Mitbürger mit der Waffe kämpfen, dann mit seinen Amtsgenossen und schließlich gar gegen seine Verwandten. Dann hat er Blut vergossen auf der See und auf dem Lande, ward im Kriege umhergejagt durch Makedonien, Sizilien, Ägypten, Syrien, Asien und nahezu an allen Gestaden, um die des Mordens an den eigenen Landsleuten müden Heere zu auswärtigen Kriegen zu führen. Zur gleichen Zeit, da er die Alpen befriedete und die Feinde gefügig machte, die mitten im Frieden und mitten im Reich da und dort ihre Häupter erhoben, während er die Grenzen über den Rhein, über Euphrat und Donau hinausschob, wurden in Rom selbst die Dolche eines Murena, eines Caepio,

Lepidus, Egnatius und anderer für seine Ermordung geschärft. Noch war er diesen Gefahren nicht entronnen, da schufen seine Tochter und zahlreiche vornehme junge Männer, die in ihrem unzüchtigen Begehren wie durch einen Eid an sie gebunden waren, dem hinfälligen alten Mann viel Ungemach, jenes Weib, das die Verbindung mit Antonius aufs neue und in höherem Maße gefährlich gemacht hatte. Diese Eiterbeulen hatte er mitsamt den Gliedern selbst getilgt, doch neue wuchsen nach, und immer wieder brach da und dort etwas auf wie an einem Körper, der mit allzuviel Blut angefüllt ist. Daher sehnte er sich nach Ruhe, und indem er auf sie hoffte und an sie dachte, wurde sein Bemühen immer geringer. Das war ihm das Ziel seiner Wünsche, ihm, der selbst die Wünsche anderer zu erfüllen vermochte.

Marcus Cicero mußte sich mit Leuten herumschlagen wie Catilina und Clodius, Pompejus und Crassus, die teils seine erklärten Feinde, teils recht unsichere Freunde waren, während er mit der Republik ins Wanken geriet und sie gerade noch vor dem Absinken zu bewahren vermochte; schließlich brach er mit ihr, fand aber weder im Glück seine Zufriedenheit, noch bewährte er im Unglück seine Geduld – wie oft hatte er sein Konsulat verflucht, jenes Konsulat, das nicht grundlos, aber maßlos gefeiert war! Was für bedrückte Worte findet er in einem Brief an Atticus damals, als Pompeius, der Vater, schon überwältigt war, der Sohn sich aber in Spanien noch bemühte, das geborstene

Waffenglück wieder zu erneuern? »Was ich hier tue«, schreibt er, »willst du wissen? Nun, ich sitze hier in Tusculum, nur zur Hälfte noch ein freier Mann.« Dann läßt er noch einiges andere folgen, womit er teils die frühere Zeit beklagt, teils seinen Unmut über die Gegenwart äußert und seiner Verzweiflung über die Zukunft Ausdruck gibt. Einen »halbfreien Mann« nennt sich Cicero: Doch wahrlich, niemals wird es ein Philosoph dazu kommen lassen, daß eine so niedrige Bezeichnung für ihn zutrifft, niemals wird er ein halbfreier Mann sein, immer wird seine Freiheit vollkommen und unbeschnitten sein, und er selbst wird keine Fessel tragen, wird sein eigener Herr sein und überlegen seiner Umwelt. Denn was kann über ihm noch sein, da er über dem Schicksal steht?

Livius Drusus war ein Mann von Tatkraft und Energie; als er nun angesichts der bedrängenden Menschenmasse von ganz Italien auf den Gedanken gekommen war, neue Gesetze zu schaffen von der unglückseligen Art der gracchischen Gesetzgebung, und als er keinen Ausweg sah in dieser undurchführbaren Sache, die sich aber, nun einmal in Gang gekommen, nicht mehr abbremsen ließ, da soll er sein selbst in den Kindertagen rastloses Leben verflucht und dabei bekannt haben, schon als Knabe sei es ihm als einzigem niemals vergönnt gewesen, untätig zu sein. Denn schon als kleiner Bub und noch während seiner Kindheit hatte er es unternommen, für Angeklagte bei den Richtern vorstellig zu werden und sich auf dem Forum so energisch in die Schanze zu schlagen, daß er bekanntermaßen sogar zu einigem Erfolg kam. Wie mußte sich ein so verfrühter Ehrgeiz auswirken! Es liegt auf der Hand, daß seine so unreife Kühnheit für ihn selbst und für den Staat zu einem schlimmen Ende führen mußte. So erhob er also zu spät seine Klage darüber, daß ihm keine Freizeit gegönnt war, er, der seit seinen Kindertagen eine rastlose Natur war und den Leuten auf dem Forum gar lästig fiel. Es ist nicht ganz sicher, ob er durch Selbstmord geendet hat; denn er brach eines Tages unversehens an einer Stichwunde im Unterleib zusammen. Deshalb zweifeln einige, ob es sich um einen freiwilligen Tod handelte; daß er aber ein Tod im rechten Augenblick war, daran zweifelt niemand.

Es bedarf keiner weiteren Beispiele von Leuten, die sich in den Augen der Mitwelt wie der Inbegriff des Glücks ausnehmen, während sie vor sich selbst die Wahrheit bezeugten, indem sie für all ihre Lebensjahre nur Bitterkeit empfanden. Durch eine solche Haltung haben sie jedoch weder sich selbst noch andere geändert, denn kaum sind solche Worte ertönt, so fallen die Leidenschaften schon wieder in ihre alte gewohnte Weise zurück.

Wahrhaftig, so wie ihr das Leben führt, mag es über tausend Jahre währen, es wird auf eine kümmerliche Spanne zusammenschrumpfen! Ganze Jahrhunderte wird ein solcher Wahnwitz auffressen. Diese Lebenszeit aber, die, wenngleich sie nach dem Gesetz ihrer

Natur verstreicht, durch die Vernunft verlängert wird, muß euch wohl rasch verrinnen. Denn ihr ergreift sie ja nicht und ihr wißt sie nicht zu halten, dieses flüchtigste aller Dinge, nein, ihr laßt sie dahineilen, als wäre sie überflüssig und als ließe sie sich zurückholen. Dazu zähle ich vor allem jene, die nur für Prunk und Wollust Zeit haben; einer minderen Beschäftigung geht nämlich niemand nach. Mögen sich andere vom Traumbild des Ruhmes bannen lasen, sie haben auf ihrem Irrweg doch wenigstens den Schein noch für sich; verweise nur auf die Geizigen, auf die Zornigen oder auf jene, die ungerechtem Haß oder einer Feindschaft verfallen sind: Sie alle haben, auch in ihren Fehlern, etwas Männliches; wer aber der Üppigkeit und der Wollust frönt, leidet an einer häßlichen Seuche. Erforsche die ganze Lebenszeit solcher Menschen; schau, wie lange sie rechnen, wie lange sie lauern, wie lange sie sich ängstigen, wie lange sie Komplimente machen oder solche annehmen, wieviel Zeit ihnen eigene und fremde Bürgschaften, wieviel ihre Gastereien kosten, die ihrerseits zu Dienstpflichten für sie geworden sind, und du wirst sehen, wie ihnen der Atem benommen wird durch ihre – soll ich sagen – Übel oder Güter. Endlich ist man allgemein der Auffassung, daß ein Mensch, der anderweitig schon völlig in Beschlag genommen ist, nicht in der Lage ist, etwas mit Glück zu betreiben, nicht die Kunst der Rede und keine freie Wissenschaft, da sein zerstreuter Geist nichts in seiner Tiefe erfassen kann, sondern alles wieder von sich geben muß, da es eben gewissermaßen nur in ihn hineingestopft ward. Nichts kann ein gänzlich in Anspruch genommener Mensch in geringerem Grad tun als wirklich *leben*; keine Kunst ist ja schwieriger als gerade diese!

Die anderen Künste verfügen allenthalben über viele Meister; manche von ihnen konnte man beobachten, wie sie schon kleine Buben so zu packen vermochten, daß diese sogar für andere wieder die Lehrmeister abgaben; zu *leben* aber muß man das ganze Leben über lernen und, jetzt wirst du wohl noch mehr überrascht sein: auch zu *sterben* muß man das ganze Leben hindurch lernen. Eine große Zahl von bedeutenden Männern bemühten sich, alles Hindernde aus dem Wege zu räumen und dem Reichtum, ihren öffentlichen Verpflichtungen und der Genußsucht zu entsagen, und sie strebten bis ins höchste Alter nur nach dem einen, daß sie zu *leben* wüßten; die meisten aber von ihnen schieden aus dem Leben mit dem Geständnis, daß sie es nicht erlernt hätten. Wie sollten da gar jene anderen zu diesem Wissen gelangen? Glaube mir, nur ein großer und über menschliches Irren erhabener Mann bringt es fertig, auch nicht das geringste von seiner Zeit verlorengehen zu lassen, und deshalb erstreckt sich am längsten das Leben dessen, dem es ganz und gar selbst gehörte, solange es währte. Nichts davon hat brachgelegen und blieb ungenutzt, nichts stand unter dem bestimmenden Einfluß eines anderen, fand er doch nichts, was einen Tausch mit seiner Zeit gerechtfertigt

hätte, mit der er so haushälterisch wirtschaftete. Deshalb reichte sie ihm auch aus, während sie jenen ermangeln mußte, von deren Leben sich die Leute so viel abzwacken. Doch mußt du mir gewiß glauben, für diese kommt einmal der Augenblick, da sie einsehen, was ihnen entging. Gar viele jedenfalls von denen, die die Last eines großen Glücks zu tragen haben, kann man im Kreis ihrer Schützlinge oder inmitten ihrer Rechtshändel oder auch inmitten der anderen »ehrenvollen Fragwürdigkeiten« ab und zu ausrufen hören: »Es ist mir nicht vergönnt, mir selbst zu leben.« Wieso sollte es einem nicht vergönnt sein? Alle, die deine Dienste als Anwalt suchen, entziehen dich dir selbst. Um wie viele Tage hat dich jener Angeklagte gebracht, um wie viele jener, der sich um ein Amt bewarb? Wieviel Zeit kostete dich jene Alte, deren Hauptbeschäftigung es ist, ihre Erben zu Grabe zu tragen! Wieviel jener, der eine Krankheit vortäuschte, um die Habgier der besitzwütigen Erben zu reizen? Wieviel der einflußreiche Freund, der euch nicht als Freunde um sich hat, sondern als Lakaien?
Prüf sie doch bitte der Reihe nach die Tage deines Lebens und zähle sie: Du wirst feststellen, daß nur ganz wenige und eben jene, die für die anderen wertlos waren, dir selbst geblieben sind. Jener, der das ersehnte Konsulat erreicht hat, will es lieber wieder abgeben und sagt immer wieder: Wann ist es denn endlich einmal vorbei, dieses Jahr? Ein anderer richtet öffentliche Spiele aus – er hatte sich ja so sehr danach

gesehnt, daß ihm diese Aufgabe durchs Los zufiele! Jetzt seufzt er: Wann wird es ein Ende damit haben? Um einen dritten reißt man sich überall auf dem Forum, um ihn zum Schutzherrn zu bekommen, und man läuft in Scharen zusammen, und die Menge übersteigt die Reichweite seiner Stimme: Wann endlich, so ruft er, wird es soweit sein, daß man die Sache vertagt? Jeder sorgt dafür, daß sein Leben schneller dahingeht, jeder verzehrt sich vor Sehnsucht nach dem Künftigen, und jeder hat das Gegenwärtige satt. Wer aber jegliche Zeit zu seinem Nutzen verwendet, wer jeden Tag so einteilt, als wäre es der letzte seines Lebens, der sehnt nicht den folgenden Tag herbei, doch fürchtet er sich auch nicht davor. Denn was gäbe es schon für eine ungekannte Wonne, die ihm diese oder jene Stunde zu bieten vermöchte? Alles kennt er ja, alles hat er ja bis zur Genüge durchgekostet! Über das andere mag das Schicksal verfügen oder die Zukunft; sein Leben ist bereits im Sicheren. Hinzubekommen kann er noch etwas, nehmen kann man ihm nichts mehr: hinzubekommen kann er, wie wenn einer satt und voll doch noch einige Speisen nimmt, ohne Appetit zu spüren!

Graues Haar und Falten sollen dir kein Zeichen für eine lange Lebenszeit sein; ein solcher hat nicht lange *gelebt*, sondern er ist nur lange *dagewesen*. Denn meinst du, es habe einer eine weite Reise gemacht, wenn ihn schon bei der Ausfahrt aus dem Hafen ein heftiger Sturm erfaßte, um ihn nach hier und nach dort zu zerren und im Wechselspiel der kreuz und quer einherbrausenden Winde ständig in der gleichen Kreisbahn zu jagen? Ein solcher hat keine weite Reise getan, er war nur viel umhergeworfen. Es macht mich immer wieder staunen, wenn ich sehe, wie gewisse Leute die Zeit anderer in Anspruch nehmen und diese sich gar leicht dazu herbeilassen. Beide Teile sehen nur auf das, *wofür* die Zeit beansprucht wird; auf die *Zeit selbst* aber sieht keiner. Wie wenn es ein Nichts wäre, was man fordert, und wie wenn es ein Nichts wäre, was man gewährt: Und mit dem köstlichsten Ding geht man um wie mit einem Spielzeug. Die Zeit entgleitet einem aber, da sie etwas Unkörperliches ist, weil man sie mit dem Auge nicht erfassen kann; und das ist auch der Grund, weshalb man sie so minder einschätzt, ja, sie bedeutet einem fast überhaupt nichts.

Mit Freuden nimmt man alljährlich Geschenke entgegen und nimmt dafür auch Mühen in Kauf und arbeitet mit Hingabe und Sorgfalt; niemand aber achtet der Zeit; man verfährt mit ihr gar verschwenderisch, als koste sie nichts. Die nämlichen Leute aber, sieh sie dir einmal an, wenn sie krank sind, wenn sie sich im Bannkreis des Todes befinden, wenn sie die Knie der Ärzte umklammern, wenn sie vor der Hinrichtung beten, wie sie da bereit sind, ihren ganzen Besitz hinzugeben, *nur um am Leben bleiben zu dürfen!* Was für Widersprüche in ihrem Denken und Fühlen! Wäre es möglich, einem jeden die Zahl der künftigen Jahre so wie die der vergangenen zu bestimmen, wie würden jene beben, die nurmehr einen geringen Rest übrig sehen, wie knauserig würden sie damit umgehen! Nun aber ist es so einfach, etwas genau Zugemessenes einzuteilen, so gering es ist; doch es verlangt die meiste Aufmerksamkeit, etwas zu bewahren, wovon man nicht weiß, wann es endet. Denke aber nicht, sie seien sich über den Wert der Sache im unklaren, pflegen sie doch denen, die sie am liebsten haben, zu versichern, sie wären bereit, ihnen einen Teil ihrer Jahre zu opfern. Sie machen Geschenke und haben vom Schenken keine Ahnung; sie schenken nämlich in der Weise, daß sie sich Opfer auferlegen, ohne daß die anderen etwas davon haben; aber ob sie wirklich etwas opfern, eben das wissen sie nicht. Und deshalb halten sie den Schaden für tragbar, weil sie den Verlust nicht kennen. Niemand wird dir die Jahre wiedergeben, niemand wird dich selbst dir zurückgeben. Dahineilen wird deine Lebenszeit, so wie sie begann, nicht wird sie ihren Lauf zurückrufen oder innehalten; kein Aufhebens wird sie davon machen, an ihre Eile wird sie dich nicht mahnen: Schweigend nimmt sie ihren Lauf. Nicht eines Fürsten Machtwort, auch keine Volksgunst vermag sie zu verlängern. So wie sie am ersten Tag ihren Lauf begann, wird sie ihre Bahn eilen, nirgends eine Raststätte, nirgends eine Bleibe. Was wird sein? Dich nahmen deine Geschäfte in Anspruch, das Leben aber eilt dahin; mittlerweile steht der Tod vor der Tür, und für ihn wirst du Zeit haben müssen, ob du willst oder nicht.

Kann die Zeit für jene von Wert sein, die sich weise rühmen und dabei doch allzuviel zu tun haben, als daß sie ein vernünftiges Leben führen könnten? Ihr Leben setzen sie aufs Spiel, um sich das Leben einzurichten, und auf lange Zeit hinaus spinnen sie ihre Pläne. Das Hinausschieben aber ist im Leben der größte Verlust; stets läßt es uns den gegenwärtigen Tag verträumen und bringt uns um das Heute, da es auf später vertröstet. Der schwerste Hemmschuh im Leben ist die Erwartung, die an das Morgen bindet und das Heute entschwinden läßt. Was das *Schicksal* in seiner Hand hält, damit befaßt du dich; was du *selbst* in Händen hast, davon willst du nichts wissen. Wohin blickst du nur, worauf wendest du deinen Sinn? Alles Künftige ist unsicher; so lebe denn für das Heute! Schau, der größte Dichter erhebt seine Stimme, und wie aus Göttermund singt er dir voll Begeisterung das tröstende Lied: »Immer ist es der beste Tag, der zuerst aus dem Leben der armen Sterblichen entrinnt.« (Vergil, Georg. III, 66)

Wozu dies Zaudern, dieses unentschlossene Zögern, will er damit sagen. Fassest du nicht zu, dann entflieht dir der Tag; und fassest du ihn auch, so entflieht er dir dennoch. Darum gilt es, gleichzuhalten mit der Eile der Zeit, indem man sich schnellstens ihrer bedient. Es ist wie bei einem reißenden Waldbach, dessen Wasser man gar schnell schöpfen muß, da es nicht ständig fließt. Auch darin liegt ein feiner Hieb gegen das endlose Planen, daß der Dichter nicht sagt: »Immer ist es das beste Lebensalter«, sondern »immer ist es der Tag«. Wie unbekümmert und angesichts des raschen Dahineilens der Zeit gelassen siehst du nur Monate und Jahre in langer Folge sich vor dir erstrecken, ganz so, wie es deinem Begehren entspricht! Und der Dichter spricht dir von *einem* Tag, und zwar einem, der dir eben entschwindet! Kein Zweifel also, daß es immer der beste Tag ist, der als erster den Sterblichen entflieht, d. h. denen, die sich im Drang der Geschäfte befinden, da das Alter sie in einem Augenblick überfällt, wo ihre Seelen noch in der Kindheit befangen sind, das Alter, dem sie sich nähern, ohne vorbereitet, ohne gerüstet zu sein. Denn in nichts haben sie vorgesorgt; mit einem Male und völlig überraschend sind sie darein geraten. Daß es jeden Tag näherrückte, wurden sie nicht gewahr. So etwa, wie wenn eine Unterhaltung oder eine Lektüre oder irgendein tieferes Nachdenken den Reisenden ablenkt und dieser sich am Ziele befindet, ehe er merkt, wie es ihm näher kam – genauso werden sich die Geschäftigen dieser fortgesetzten und so eiligen Lebensreise, die während des Wachens und Schlafens in gleichem Zeitmaß dahingeht, nicht bewußt, ehe sie sich am Ziele befinden.

Wollte ich mein Thema im einzelnen erörtern und durch Beweise ausbauen, so hätte ich vieles, um zu belegen, wie kurz das Leben dieser Betriebsamen ist. Fabianus, keiner von unsren heutigen Kathederphilosophen, sondern einer vom alten Schrot und Korn,

sagte des öfteren: »Gegen die Begierden muß man energisch, nicht mit milder Nachsicht vorgehen; man muß ihre andrängende Front nicht durch leichte Wunden, sondern in zupackendem Angriff ins Wanken bringen; ihre Spitzen muß man unwirksam machen, man kann ihnen nicht wieder mit Sticheleien begegnen.« Will man den Betriebsamen ihren Irrtum bewußt machen, dann muß man sie belehren und darf nicht nur Klage führen über sie.
Dreierlei Zeiten umfaßt das Leben, die gegenwärtige, die gewesene und die künftige. Die, in der wir leben, ist nur kurz; über die, in der wir leben werden, läßt sich nichts Bestimmtes sagen; die, in der wir gelebt haben, steht unverrückbar fest. Denn über sie hat das Schicksal nichts mehr zu bestimmen, und unter keines Menschen Willkür kehrt sie jemals zurück. Sie ist den Geschäftigen verloren; sie haben ja keine Zeit, um in die Vergangenheit zurückzublicken, und hätten sie Zeit, dann ist es doch bitter, sie an Dinge zu erinnern, die man zu bereuen hat. Deshalb lassen sie ihre Gedanken nur ungern zurückschweifen zu jenen Zeiten, die sie übel vertan haben, und wagen nicht, jene Handlungen wieder aufleben zu lassen, von denen sich jetzt herausstellt, daß es Mißgriffe waren, was sich damals durch irgendeine Reizwirkung eines augenblicklichen Lustgefühls nicht wahrnehmen ließ.
Niemand wendet sich gern in die Vergangenheit zurück, außer wer sein ganzes Handeln unter Kontrolle hatte, so daß eine Täuschung ausgeschlossen ist. Es

muß einer Angst haben vor seinem Erinnerungsvermögen, der vieles voll Ehrgeiz anstrebte, voll Hochmut mißachtete, voll Leidenschaftlichkeit errang, heimtükkisch erschlich, in Besitzgier an sich riß und verschwenderisch durchbrachte! Doch dies ist der erhabene, geheiligte Teil unserer Lebenszeit, der über alles menschliche Fehlen hinausgeschritten ist und die Herrschaft des Schicksals hinter sich gebracht hat, dem kein Mangel, keine Furcht, keine Krankheit etwas anzuhaben vermag. Für ihn gibt es keine Störung, ihn bringt nichts aus seiner Bahn, sein Besitz ist ein dauernder, unangefochtener. Nur jeweils der Tag ist gegenwärtig und er immer nur einen Augenblick. Die vergangenen Tage aber werden alle, wenn du willst, vor dich hintreten, und du kannst sie betrachten nach Belieben und festhalten; dazu aber haben die Geschäftigen keine Zeit. Nur ein Gemüt, das sich nicht durch Sorgen beunruhigen läßt, vermag alle Phasen seiner Lebenszeit zu durchlaufen; die Seelen der Betriebsamen aber sind wie unter ein Joch gebeugt und können sich nicht wenden und zurückblicken. So ist denn ihr Leben in ein tiefes Meer hinabgesunken, und wie es zwecklos ist, eine Menge in ein Gefäß zu schöpfen, wenn kein Boden vorhanden ist, um das Geschöpfte aufzunehmen und zu bewahren, so kommt es auch nicht darauf an, wieviel Zeit gegeben ist, wenn es keinen Punkt gibt, an dem sie haften kann; durch angeschlagene und undicht gewordene Seelen rinnt die Zeit hindurch. Gar kurz ist das Heute, so kurz, daß es manchen ein Nichts zu sein dünkt. Unablässig ist die Zeit nämlich im Laufe, sie fließt dahin und stürzt jählings davon; sie hört schon auf, bevor sie zugegen ist, und sie duldet kein Verweilen, so wenig wie das Weltall und die Gestirne, deren rastlose Fahrt niemals auf dem selben Punkt zum Halten kommt. So ist es allein die Gegenwart, die dem Betriebsamen gehört, und sie ist so kurz, daß sie sich nicht fassen läßt, und auch sie selbst entwindet sich denen, deren Leben auf so vielerlei Dinge verzettelt ist.

Willst du schließlich noch wissen, worin sich die Kürze ihres Lebens äußert? Schau nur, wie sie danach gieren, lange zu leben! Hinfällige Greise betteln unter Gelübden um eine Zulage von einigen Jährchen. Sich selbst machen sie vor, daß sie noch jünger seien. Sie schmeicheln sich durch Lügen und betrügen sich selbst mit solcher Freude, als führten sie damit auch das Schicksal hinters Licht. Erinnert sie aber ein körperliches Unbehagen an ihre Sterblichkeit, wie zögern sie dann zu sterben, nicht als verließen sie nun eben das Leben, sondern als würden sie gewaltsam daraus entfernt! Dann schreien sie, Narren seien sie gewesen, daß sie nicht gelebt hätten, und wenn sie nur aus dieser Krankheit noch davonkämen, dann wollten sie in Muße leben. Jetzt sehen sie ein, wie vergeblich sie für Dinge vorgesorgt hätten, in deren Genuß sie niemals kommen würden, wie sinnlos alle ihre Mühe vertan sei.
Wer aber abseits von solchem Getue sein Leben führte,

warum sollte es für den nicht lange währen? Nichts davon wird außer acht gelassen, nichts hierhin und dort verzettelt, nichts Beute des Zufalls, nichts fällt der Liederlichkeit zum Opfer, nichts geht durch Verschenken verloren, nichts ist überflüssig. Ja, wenn man so sagen will, ein solches Leben ist eine einzige Verzinsung! Mag es so kurz sein wie immer, lange genug ist es im Überfluß, und deshalb wird der Weise, wann auch der letzte Tag kommen mag, ohne Zögern und festen Schrittes in den Tod gehen.

Vielleicht möchtest du fragen, was es für Leute sind, die ich als die ›Betriebsamen‹ bezeichne. Glaube ja nicht, ich meinte nur die damit, auf die man die Hunde hetzen muß, wenn man sie aus der Markthalle vertreiben will, jene, die du beobachtest, wie sie entweder von ihrem Klientenschwarm umringt gar bedeutsam sich herausbegeben oder wie sie unter der Anhängerschaft eines anderen gar bescheiden die Halle verlassen; oder jene, die ihre wichtigen Geschäfte von zu Hause fortholen und an fremde Türen pochen lassen; oder die, welchen eine öffentliche Versteigerung Unbehagen macht, bei denen es um gemeinen und manchmal auch von üblen Folgen begleiteten Gewinn geht. Nein, bei einigen ist sogar die Freizeit vom Drang der Geschäfte erfüllt; auf ihrem Landgut oder auf ihrem Ruhebett inmitten der Einsamkeit, wenn sie sich von allem frei gemacht haben, sind sie sich selbst zuwider; man kann nicht sagen, daß sie in Muße leben; in einer Geschäftigkeit des

Nichts, des Müßiggangs bringen sie vielmehr ihr Leben hin.

Jener, sagst du, lebe in Muße, der korinthische Gefäße, die durch die Verrücktheit einiger weniger sehr teuer geworden sind, mit ängstlicher Genauigkeit sortiert und der seine Zeit meistenteils mit den rostüberzogenen Metallplättchen verbringt? Der in der Ringschule sitzt und sich nicht sattsehen kann an dem Geraufe von Knaben – denn es ist traurig zu sagen, aber wir begnügen uns nicht mehr mit den Lastern Roms! Der die Menge seiner Sklaven paarweise ordnet nach Alter und Hautfarbe? Der die bedeutendsten Athleten anstellt?
Von jenen behauptest du, sie lebten in Muße, denen die Stunden in großer Zahl beim Barbier verstreichen, bis man ihnen abnimmt, was allenfalls in der letzten Nacht nachgewachsen ist, da ja über jedes Härchen Rat gehalten wird, bis es, in Unordnung geraten, wieder an seinem Platze ist, oder bis es von hier und dort nach vorne gekämmt ist, um die Glatze zu decken! Was für Wutausbrüche, wenn sich der Barbier etwas gehenließ, da er meinte, er habe es ja nur mit einem Mann zu tun! Wie geraten sie in Weißglut, schneidet man an ihrer Mähne einiges ab, wenn es nicht richtig lag, wenn nicht alles wieder in Locken fiel! Wer von ihnen sähe nicht lieber den Staat in Aufruhr als sein Haar in Unordnung? Wer dächte nicht mehr an seinen Kopfputz als an sein Kopfweh? Wer wollte nicht lieber schön

aufgemacht sein als Achtung gebieten? Diese Menschen, glaubst du, leben in Muße, die ihre Zeit bei Kamm und Spiegel verbringen? Und was ist mit jenen, die sich beschäftigen mit dem Gedichtemachen, mit dem Anhören und Vortragen von Liedern, und denen, die ihre Stimme, deren unverkünstelte Weise die Natur so schön und einfach gebildet hat, durch die Verrenkungen eines unnützen Ziergesangs verunstalten? Deren Finger stets zu einem Lied geräuschvoll den Takt schlagen, die stets eine leise tönende Melodie auf den Lippen haben, ob man in einer ernsten oder gar einer traurigen Angelegenheit mit ihnen reden möchte? Nein, *sie haben keine Muße,* es ist nur eine untätige Betriebsamkeit! Ja, nicht einmal ihre Schmausereien möchte ich bei ihnen zur Muße zählen, wenn ich beobachte, wie sie voll Angst und Sorge ihr Silbergerät beisammenhalten, welche Genauigkeit sie aufwenden müssen, um ihre Lotterbuben recht zu schürzen, welche Spannung es ihnen verursacht, in welchem Zustand der Eberbraten aus der Küche kommt und wie rasch ihre Eunuchen zum Servieren herbeistürzen, wenn die Tischglocke ertönt; wie kunstvoll das Geflügel tranchiert wird, daß es ja keine zu großen Stücke gibt; mit welcher Sorgfalt die armen Tischknaben den Mageninhalt der Betrunkenen beseitigen: Derlei Dinge sind es, die ihnen den Ruf eines geschmackvollen und vornehmen Hauses verschaffen müssen, und ihr Wahn verfolgt sie bis in ihre intimsten Bereiche, daß sie nicht mehr essen und trinken können, ohne aufzufallen und anzugeben.

Auch von jenen möchte ich nicht behaupten, sie lebten in Muße, die sich in Tragsesseln und Sänften umherschleppen lassen und die einen genauen Stundenplan für ihre Ortsveränderungen beachten, als dürften sie gegen diesen nicht verstoßen; die ihr Diener an den Zeitpunkt des Bades erinnern muß, an den des Schwimmens und den des Speisens, die im übermäßigen Erschlaffen ihres verweichlichten Herzens so von Kräften sind, daß sie von sich aus keine Ahnung mehr haben, ob sie hungrig sind! Von einem solchen Genießer höre ich – wenn man da noch von ›genießen‹ sprechen kann, wo man verlernt, was zum menschlichen Alltag gehört –, er habe, nachdem man ihn auf den Händen aus dem Bade gehoben und auf einen Tragsessel gesetzt hatte, gefragt: »Sitze ich nun?« Meinst du, daß dieser Mensch, der nicht wußte, ob er sitze, daß dieser Mensch weiß, ob er *lebe*, ob er sehe, ob er Muße habe? Ich jedenfalls könnte nur schwer sagen, ob ich ihn mehr bedauerte, wenn er's tatsächlich nicht wußte oder wenn er sich nur unwissend stellte. Vielfach handelt es sich bei solchen Leuten wirklich um ein Vergessen, zum Teil aber ist es nur ein Nachäffen. Manche Verrücktheiten machen ihnen Spaß, als wären sie Beweise für ihren glücklichen Zustand. Es dünkt ihnen niedrig und verächtlich, wenn einer weiß, was er tut. Da geh nun hin und halte es für Übertreibung, wenn Schauspieler in ihrer Weise die Genußsucht lustig anprangern! Im Gegenteil, sie lassen mehr beiseite, als sie darstellen, und die Zahl der unglaublichen Laster hat in diesem erfindungsreichen Zeitalter so zugenommen, daß wir den Schauspielern sogar Nachlässigkeit ankreiden können. Soll man wirklich glauben, es gebe einen so gänzlich von Lust und Vergnügen benommenen Menschen, daß er sich durch einen anderen sagen lassen müßte, ob er sitze?

Nein, ein solcher lebt nicht in Muße; er braucht eine andere Bezeichnung: Es handelt sich hier um einen Kranken, ja, um einen Toten! In Muße lebt, wer auch darum weiß, daß er die Muße hat; zur Hälfte aber lebt nur, wer einen eigenen ›Weiser‹ braucht, wenn er sich über seinen körperlichen Zustand klarwerden will. Wie kann ein solcher Mensch jemals Herr seiner Zeit sein? Es würde zu weit führen, wollte man jeden einzelnen erwähnen, der sein Leben hinbrachte mit dem Brettspiel oder mit dem Ballspiel oder damit, daß er seinen Körper in der Sonne durch und durch braten ließ. Wer dem Vergnügen viel Raum gibt, lebt nicht in Muße.

Kein Zweifel wird auch über die geschäftige Untätigkeit jener bestehen, die sich nutzlos den wissenschaftlichen Studien hingeben, deren es bereits auch bei den Römern eine ansehnliche Zahl gibt. Fürwahr, nur die Griechen waren bislang so verrückt, daß die Zahl der Ruderknechte eines Odysseus ihr Interesse erweckte oder die Frage, ob die Ilias oder die Odyssee zuerst geschrieben wurde und ob sie vom gleichen Autor stammten, und andere Dinge dieser Art, die den, der sie bei sich behält, nicht gescheiter, und den, der sie weitergibt, nicht gelehrter, sondern eher unangenehm in den Augen der Leute machen. Doch schau, sogar bei den Römern hat das eitle Streben Eingang gefunden, sich mit unnötigen Dingen zu befassen. Dieser Tage bekam ich jemanden zu hören, der darüber sprach, was ein jeder der römischen Feldherrn als erstes vollbracht habe. Der erste Sieger in einer Seeschlacht war Duilius, der erste, der Elefanten im Triumphzug verwendete, Curius Dentatus. Hat dies auch mit wirklichem Ruhm nichts zu schaffen, so handelt es sich hier doch noch um Beispiele von Taten aus dem Kreise römischer Bürger. Freilich wird ein solches Wissen keinerlei Nutzen abwerfen, aber es ist doch von solcher Art, daß uns das Auffallende dieser an sich belanglosen Ereignisse in seinen Bann zieht. Auch auf die Erforschung jener Frage wollen wir verzichten, wer die Römer zuerst veranlaßt hat, ein Schiff zu besteigen. Es war nämlich Claudius, der sich eben dadurch den Beinamen Caudex zuzog, weil mehrere aneinandergefügte Bretter früher ›caudex‹ genannt wurden, weshalb die öffentlichen Gesetzestafeln als ›codices‹ bezeichnet werden, und Schiffe, die nach uraltem Brauch auf dem Tiber die Waren herbeischaffen, auch heute noch ›caudicariae‹ heißen. Auch dies mag von einiger Bedeutung sein, daß Valerius Corvinus den Sieg über Messana erfocht und daß er der erste aus dem Valerierhause war, der durch die Übertragung des Namens der eroberten Stadt den Beinamen Messana erhielt, später aber Messala hieß, da das Volk allmählich die Laute änderte. Vielleicht ist es auch für jemanden bedeutsam, daß Lucius Sulla, während sonst immer nur angekettete Löwen gezeigt wurden, als erster sie frei im Circus vorführte, da ihm König Bocchus Wurfschützen gesandt hatte, die imstande waren, sie abzuschießen? Ich denke, darauf kann man verzichten! Und ist es irgendwie von Bedeutung, ob man weiß, daß Pompeius zuerst eine Rauferei von achtzehn Elefanten im Circus vorführte, wobei wie in einem regelrechten Kampf Verbrecher gegen sie aufgeboten wurden? Der erste Mann im Staate, der sich unter den bedeutenden Männern des Altertums der Sage nach durch seine Güte hervortat, hielt es für ein eigenartiges Schauspiel, Menschen auf eine nie gekannte Art und Weise umzubringen. Sie kämpfen bis zum Äußersten? Nicht genug! Sie zerfleischen sich gegenseitig? Immer noch nicht genug: niedergestampft müssen sie werden von der ungeheuren Wucht der Bestien. Es wäre besser, wenn solches vergessen würde, daß nicht eines Tages ein Mächtiger daraus lerne und es ihn gelüste, solche Unmenschlichkeit zu übertreffen.

Ein großes Glück, wie vermag es unsere Herzen zu blenden! Pompeius sah sich damals als Herrn über die Natur, als er ganze Scharen von armen Menschenkindern den Bestien vorwarf, die in einer anderen Breite lebten, damals, als er es zum Kampf zwischen so ungleichen Geschöpfen kommen ließ, als er unter den

Augen römischer Bürger so viel Blut fließen ließ, er, der die Römer bald zwingen sollte, noch viel mehr zu vergießen! Kein anderer als er war es, der sich in der Enttäuschung über die Untreue Alexandrias dem letzten Sklaven darbot, daß dieser ihn töte; das war der Augenblick, da er verstand, was für ein eitler Prunk es mit seinem Beinamen war!

Doch zurück wieder dorthin, wo ich abschweifte: Ich möchte noch anderweitig dartun, wie überflüssig vielfach die menschliche Sorgfalt ist. Der nämliche bereits erwähnte Philosoph berichtete, Metellus, der Sieger über die Karthager auf Sizilien, habe als einziger unter den Römern 120 eroberte Elefanten vor seinem Wagen einherführen lassen; Sulla aber sei der letzte der Römer gewesen, der das freie Land an der Stadtmauer hinausgerückt habe, das nach altem Brauch gewöhnlich nie bei Eroberung von Provinzialgebiet, sondern nur bei einem Zuwachs an italischem Boden erweitert wurde. Ein solches Wissen ist noch nützlicher als die Kenntnis der Tatsache, daß der Aventin, wie jener sagte, außerhalb dieses Freilands gelegen sei, entweder weil das Volk dorthin ausgezogen sei, oder weil bei den Auspizien des Remus die Vögel nicht mit diesem Platz übereingestimmt hätten; und so noch eine Menge von anderem Zeuge, lauter faustdicke Lügen oder ähnliches Geflunker. Denn gesetzt, sie erzählten es in gutem Glauben und hielten sich an gute Gewährsleute, wessen Irrtum läßt sich schon dadurch vermeiden, wessen Leidenschaften lassen sich damit dämpfen?

Wen läßt es tapferer sein, wen gerechter, wen gütiger? Unser Fabianus sagte zuweilen, er sei im Zweifel, ob man nicht besser auf jegliche Studien verzichte, als daß man sich damit einlasse.

In Muße leben einzig jene, die ihre Zeit der *Weisheit* weihen; nur sie leben wirklich; denn sie sind nicht nur auf ihre eigene Lebenszeit bedacht, sondern sie wissen auch jede Zeitperiode ihrer Lebenszeit einzufügen. Alles, was an Jahren vor ihnen dahinging, fügen sie ihren eigenen hinzu. Wenn wir nicht gänzlich undankbar sind, so sind die berühmten Religionsstifter für uns geboren, und sie haben uns den Lebensweg bereitet. Zum Größten, was aus dem Dunkel zum Licht durchbrach, gelangen wir durch das Bemühen anderer; kein Jahrhundert ist uns verhüllt, alle sind uns offen; und steht uns der Sinn danach, hohen Geistes über die Schranken menschlicher Schwäche hinauszugelangen, so haben wir einen riesigen Zeitraum zur Verfügung, den wir durchwandern können. Wir sind imstande, mit Sokrates zu disputieren, mit Karneades uns Zweifeln hinzugeben, mit Epikur uns ein ruhiges Leben zu machen, mit den Stoikern über die menschliche Natur zu siegen, mit den Kynikern diese hinter uns zu lassen und nach dem Beispiel der Natur mit jeglichem Zeitalter wie ein guter Kamerad einherzugehen. Weshalb sollten wir uns nicht von diesem bedeutungslosen und hinfälligen Gang der Zeit mit ganzem Herzen hinwenden zum Unendlichen, zum Ewigen, das uns mit den Besten verbindet? Jene, die umherlaufen, um ihre Besuche zu machen und dadurch sich und andere zu stören, – wenn sie so recht ›umgehaust‹ haben, wenn sie jeden Tag jede Schwelle absolviert haben und an keiner offenen Tür vorübergegangen sind, wenn sie die entlegensten Häuser aufgesucht haben, um dort ihre bezahlten Aufwartungen zu machen – wie viele werden es dann sein, die sie in der riesigen und verschiedenartigsten Zerstreuungen hingegebenen Stadt *nicht* antreffen konnten? Wie viele können keinen Besuch empfangen, da sie schlafen oder ihren Gelüsten frönen oder weil sie eben unfreundliche Menschen sind? Wie viele lassen sie endlos warten und haben unter dem Vorwand großer Eile doch keine Zeit für sie? Wie viele werden den Weg nicht durch den mit Klienten vollgedrängten Vorhof nehmen, sondern sich lieber durch einen heimlichen Ausgang davon machen, als wäre es weniger unfreundlich, jemanden zu täuschen als ihn abzuweisen? Wie viele werden vom gestrigen Rausch noch im Halbschlaf und benommenen Kopfes kaum die Lippen auseinanderbringen, wenn sie schließlich unter verächtlichem Gähnen den Namen aussprechen, der ihnen tausendmal zugeflüstert ward, während jene Ärmsten ihren Schlaf unterbrechen, um den der anderen abzuwarten?

Jene, so können wir behaupten, verbringen ihre Zeit richtig, die Tag für Tag den Zenon, den Pythagoras, den Demokrit und die anderen Meister der edlen Wissenschaften, den Aristoteles und Theophrastos zu vertrautem Umgang haben wollen. Keiner von ihnen wird Zeitmangel vorschützen, keiner wird den, der zu ihm kommt, nicht glücklicher und mit einem liebevollen Herzen von sich gehen lassen. Tag und Nacht kann jeder Mensch bei ihnen vorsprechen. Keiner von ihnen wird von dir verlangen zu sterben, aber jeder wird es dich lehren; keiner kostet dich deine Jahre, nein, die seinigen gibt er dir noch dazu. Keiner wird dich in Gefahr bringen, wenn du dich mit ihm unterhältst, keiner wird dein Leben aufs Spiel setzen, indem er dir Freund ist, und für keinen bedarf es aufwendiger Ehrenbezeigungen.

Was immer du begehrst, sie werden es dir schenken; sie werden nicht schuld sein, wenn du dir bei ihnen nicht holst, was du fassen kannst. Welches Glück, welch angenehmes Alter wartet auf den, der sich ihrem Schutz anvertraut hat! Das Geringste wie das Höchste wird er mit ihnen beraten, er wird sich täglich über sich selbst bei ihnen Rat holen, wird von ihnen die Wahrheit vernehmen, ohne zu erröten, und ihr Lob ohne Schmeichelei, und sie werden ihm Richtschnur sein, wenn er sich heranbildet. Wir sagen gewöhnlich, wir hätten nicht die Möglichkeit gehabt, unsere Eltern auszusuchen, sie seien uns durchs Los beschieden. Aber das eine ist uns überlassen, nämlich aufzuwachsen nach unserer Wahl. Es gibt Familien der erlauchtesten Geister; wähle, in welche du aufgenommen sein willst! Nicht nur dem Namen nach wirst du Sohnesstelle einnehmen, nein, auch hinsichtlich des Erbguts selbst; und dieses wirst du nicht zu bewahren haben auf eine niedrige und eigennützige Weise; es wird anwachsen, je mehr Menschen du es mitteilst. Den Pfad zum Ewigen werden sie dir weisen, und einen Platz wirst du einnehmen, von dem dich niemand verdrängen kann. Einzig *so* läßt sich das Sterben verschieben und gar in Unsterblichkeit verwandeln. Ehrenstellen, Denkmäler und was immer die Eitelkeit auf Grund öffentlicher Beschlüsse oder vermöge des technischen Fortschritts aufgebaut hat, gehen rasch dahin; alles bricht über kurz oder lang durch die Wirkung der Zeit zusammen und zerfällt. Was aber durch die *Weisheit* seine Weihe empfing, dem vermag nichts zu schaden. Kein Alter wird es vertilgen oder schwächen; schon die unmittelbar folgende und auch jegliche fernere Zeit wird immer noch etwas hinzutun zur Ehre der Weisheit; denn der Neid hält sich wohl beim Nächstliegenden auf, während das Fernere ehrliche Bewunderung erntet.

So umfaßt das Leben des Weisen einen weiten Raum, und es beengen ihn nicht die nämlichen Grenzen wie die anderen Menschen. Einzig *er* steht außerhalb der Gesetze der Menschheit, und alle Jahrhunderte sind ihm untertan wie einem Gott. Ist eine Zeit dahingegangen, dann hält er sie in seiner Erinnerung zurück; ist sie gegenwärtig, so nützt er sie; wird sie erst sein, dann genießt er sie schon im voraus. Sein Leben wird dadurch lang, daß er alle Zeiten in eine einzige zusammennimmt. Kurz und sorgenreich aber ist die Lebenszeit derer, die das Vergangene vergessen, das Gegenwärtige nicht nützen und sich vor dem Kommenden fürchten. Sind sie einmal am Ende, dann erkennen diese Ärmsten zu spät, daß sie so lange von ihren Geschäften in Beschlag genommen waren und doch nichts zustande brachten.

Und daß sie zuweilen den Tod herbeirufen, dies halte ja für keinen Beweis dafür, daß sie auch ein langes Leben haben! Ihre Beschränktheit macht ihnen Beschwer durch unbestimmte Wünsche, die sie gerade das erstreben lassen, was sie fürchten, d. h. oft wünschen sie deshalb den Tod herbei, weil sie Angst vor ihm haben. Auch daß ihnen gelegentlich der Tag lang wird, weil sie zu ihrem Leidweisen bis zur festgesetzten Essenszeit die Stunden so langsam vergehen sehen, auch das darfst du nicht als Beweis dafür ansehen, daß sie lange leben; denn haben sie einmal nichts zu tun, dann fühlen sie sich in ihrer Muße nicht recht behaglich, und sie wissen nicht, was sie damit anfangen und wie sie diese herumbringen sollen. Deshalb verlangen sie nach irgendeiner Beanspruchung, und alle Zeit, die bis dahin vergeht, ist ihnen zuwider. Das ist bei Gott genauso, wie wenn sie die Zwischenzeit überspringen wollten, wenn ein Termin für ein Fechterspiel festgesetzt ist oder wenn der festgelegte Zeitpunkt irgendeines anderen Schauspiels oder einer Belustigung zu erwarten steht. Sobald etwas Erhofftes hinausgeschoben wird, erscheint ihnen die Zeit zu lang, während die Zeit, die sie gern haben, kurz ist und rasch dahingeht, ein Vorgang, der sich durch ihre eigene Schuld noch beschleunigt; eilen sie doch dahin und dorthin, unfähig, bei einem einzigen Wunsch zu verharren. Ihnen aber sind die Tage nicht zu lang, sondern verhaßt. Doch wie kurz erscheinen ihnen die Nächte, die sie in den Armen ihrer Buhlerinnen oder beim Trunk verbringen! Deshalb auch der Unsinn, den Dichter verkünden, die mit ihren Geschichten die Verirrungen der Menschen noch steigern und die davon faseln, Jupiter habe, von der Lust des Beischlafs überwältigt, die Länge der Nacht verdoppelt! Dies bedeutet doch nichts anderes, als unsere Laster zu schüren, wenn man die Götter zu ihren Urhebern macht und wenn man der Sünde die Zügel schießen läßt, indem man sie mit dem Beispiel der Götter entschuldigt? Ist es nicht so, daß sie die Nächte sehr kurz dünken müssen, da sie sich diese so viel kosten lassen? Den Tag verlieren sie, indem sie auf die Nacht warten, die Nacht, indem sie sich ängstigen vor dem Tag. Ihre Lustbarkeit ist sogar von Angst getrübt und durch vielfache Schrecknisse voll Unruhe; inmitten des tollsten Freudentaumels überkommt sie der Gedanke: »Wie lange wird das währen?« Solche Regungen haben Könige über ihre Macht Tränen vergießen lassen, und die Größe ihres Glücks konnte sie nicht ergötzen, sondern das Ende, das früher oder später kommen mußte, versetzte sie in Schrecken. Als der Perserkönig voll

Übermut sein Heer in die Weite der Ebene entfaltete und nicht die Zahl der Soldaten, sondern die Größe seiner Streitmacht abschätzte, vergoß er Tränen, da in hundert Jahren von einer solchen Mannschaft nicht ein einziger mehr am Leben sein werde! Und doch machte er, der da Tränen vergoß, gerade selbst sich daran, sie dem Verhängnis zuzuführen und die einen zur See, die anderen zu Lande, teils im Kampf, teils auf der Flucht zugrunde gehen zu lassen und die nämlichen in einer kurzen Zeitspanne zu vernichten, für die er auf hundert Jahre hinaus besorgt war!

Wie, sind nicht sogar ihre Freuden voller Angst? Sie ruhen ja auf keinem festen Untergrund, sondern die gleiche Leere, aus der sie kommen, macht sie auch zunichte. Was aber muß es für eine Zeit sein, von der sie selbst behaupten, sie tauge nichts, wenn schon die Zeit, deren sie sich rühmen und in der sie sich den anderen Menschen überlegen fühlen, keineswegs ganz in Ordnung ist? Je größer der Besitz, desto größer die Sorge, und auf kein Glück darf man weniger Hoffnung setzen als auf das freigebigste. Um den Zustand des Glücks zu festigen, bedarf es einer ganz anderen Glückseligkeit, und den Wünschen, die schon erfüllt sind, muß man Gebete weihen! Denn was uns der Zufall bescherte, ist alles ohne Bestand; je höher sich etwas erhebt, desto näher ist es dem Fall. Was aber zu fallen droht, kann nimmer Freude machen. Sehr kümmerlich also und nicht nur sehr kurz ist wohl das Leben derer, die mit größter Mühe das erreichen, was sie nur mit noch größerer Mühe sich erhalten können, d. h., die sich mit Beschwernis verschaffen, was sie sich wünschen, und dann mit Furcht besitzen, was sie erreichten.

Inzwischen aber denken sie nicht mehr an die Zeit, die nimmer wiederkehren wird. Neue Geschäfte lösen die alten ab, ein Hoffen erregt das andere, ein eitles Begehren das andere. Man will dem Übel kein Ende machen, nur seine Ursache möchte man ändern. Unsere eigenen Ehrenämter haben uns zu schaffen gemacht, noch mehr Zeit kosten uns fremde. Wir haben es aufgegeben, uns um Ämter zu bewerben, doch fangen wir wieder an, andere zu empfehlen. Die Bürde des Anklägers haben wir abgelegt, die des Richters haben wir statt ihrer übernommen. Den Richter zu machen, hat einer satt bekommen, und nun ist er Vorsteher bei der Untersuchungskommission! Als bezahlter Verwalter fremden Eigentums ist einer alt geworden, nun aber hat er damit zu tun, daß er mit seinem eigenen Vermögen fertig wird. Den Marius hat der Kommiß freigegeben, nun aber beschäftigt ihn statt dessen das Konsulat. Quinctius sieht, daß er die Diktatur schleunigst loswird, doch aufs neue wird man ihn vom Pflug wegholen. Gegen die Karthager will – noch nicht reif für eine solche Riesenaufgabe – Scipio ziehen, der den Hannibal besiegt hat und den Antiochus: Scipio, die Zier seines eigenen Konsulats, der Bürge für das seines Bruders; hält er nicht selbst inne, dann wird man ihn

Jupiter an die Seite stellen: Aber Unruhen unter seinen Mitbürgern werden dem Retter zu schaffen machen, und nachdem der Jüngling göttergleiche Ehren zurückwies, wird er als Greis froh sein, wenn er voll Trotz die Verbannung suchen darf. Weder im Glück noch im Elend, nie wird es an Gründen zur Sorge fehlen; durch des Lebens Alltagsmühen wird einem die Muße beschnitten werden, nie wird man handeln, ewig wird man nur wünschen.

Deshalb sondere dich ab aus der großen Masse, mein bester Paulinus, und nimm deine Zuflucht in einem ruhigeren Hafen, statt dich über Gebühr für dein Alter herumstoßen zu lassen! Denk daran, wie vielen Wogen du preisgegeben warst, wie vielen Stürmen du teils als Privatmann standgehalten, teils im öffentlichen Leben die Stirn geboten hast! Es sind Beweise voll Mühen und Unrast, die deine Geistesgröße schon hinlänglich bezeugten; nun stelle die Probe an, wie sie sich in der Muße bewährt! Deines Lebens größerer Teil, will sagen der bessere, sei dem Staate gewidmet; einiges von deiner Zeit aber soll dir selbst gehören. Und es ist keine träge Tatenlosigkeit, zu der ich dich rufe; ich will nicht, daß du deine ganze Lebensenergie, die in dir steckt, in Schlaf und Genuß versinken läßt, wie es die große Menge liebt; solches heißt nicht in Ruhe leben. Nein, in deiner sorgenfreien Zurückgezogenheit wirst du viel Wichtigeres finden als alle Geschäfte, die du bisher so eifrig betriebst. Wohl führst du die Rechnungsbücher des Weltreichs so uneigennützig, als ginge es um fremdes Gut, und so sorgfältig, als wären es deine eigenen, und mit solchem Verantwortungsgefühl, wie eben das Gemeingut verlangt; du ziehst dir Liebe zu in einem Amte, bei dem es schwer ist, dem Haß zu entgehen. Dennoch, glaube mir, ist es besser, die Rechnung seines eigenen Lebens im Kopf zu haben als die über das öffentliche Getreide.

Jene Lebendigkeit des Geistes, die größten Aufgaben gewachsen ist, widme nach einem wohl ehrenvollen, jedoch zu einem glücklichen Leben untauglichen Dienst dir selbst! Bedenke, seit frühester Jugend hattest du bei all deiner Hingabe an die edlen Wissenschaften nicht beabsichtigt, daß dir viele tausend Scheffel Getreide in Sicherheit übergeben werden könnten; nein, größere und höhere Hoffnungen hattest du erweckt! An Männern, die gut wirtschaften und emsig arbeiten können, wird kein Mangel sein. Ist doch langsames Zugvieh viel geeigneter, Lasten zu schleppen, als edle Rösser es sind! Und wer hat je deren wundervolle Behendigkeit gehemmt, indem er ihnen schweres Gepäck aufbürdete? Bedenke außerdem, welcher Unruhe du dich aussetzest, wenn du dich einer solchen Last beugst! Du hast es mit dem Magen der Menschen zu tun: Ein hungerndes Volk aber kennt weder Vernunft, noch läßt es sich durch billige Argumente beruhigen oder durch Bitten beeinflussen.

Erst vor kurzem, wenige Tage vor des Gaius Caesar

Tod* – wenn Tote noch bei Sinnen sind, dann ärgert er sich maßlos darüber, daß er sterben mußte, während das römische Volk ihn überlebt – waren kaum für sieben, allerhöchstens für acht Tage Lebensmittelvorräte vorhanden! Während er mit Hilfe von Schiffen Brücken baute und mit den Kräften des Reiches seinen Spott trieb, trat das schlimmste Übel ein, das auch Belagerte treffen kann, nämlich Nahrungsmittelmangel. Beinahe Untergang und Hungersnot, und was sonst noch alles mitfolgt, das allgemeine Verderben, war der Preis für die Nachäffung jenes verrückten fremden Königs, der zu seinem eigenen Unglück vom Übermut gepackt war. Was mochten sich jene damals denken, die für die Vorräte des Staats verantwortlich waren! Mit Äxten, Steinen, Feuerbränden und Schwertern ging man gegen sie vor, und sie mußten alle Verstellungskunst aufbieten, um die Fäulnis im Innern zu verbergen, wofür sie freilich gute Gründe hatten. Denn manches muß man kurieren, ohne daß der Patient eine Ahnung davon hat; und vielen schon brachte es den Tod, daß sie über ihre Krankheit Bescheid wußten.

Zieh dich doch zurück zu dem, was mehr Ruhe, mehr Sicherheit und größere Erhabenheit bietet! Du kannst es doch nicht für gleichgültig ansehen, ob du dafür verantwortlich bist, daß das Getreide ohne einen Be-

* Caligula wurde am 24. Januar 41 n. Chr. ermordet.

trug auf seiten der Lieferanten, und ohne daß es durch deren Versagen zu Schaden kommt, in die Scheunen gebracht wird, daß es nicht Feuchtigkeit zieht und verdirbt und auskeimt, daß Maß und Gewicht stimmen – oder ob du an diese heiligen und erhabenen Aufgaben herangehst, um zu erforschen, welches die Stofflichkeit der Götter sei, worin ihre Genüsse bestehen, in welchem Zustand sie sich befinden, von welcher Gestalt sie sind; welches Geschick deiner Seele bevorsteht und wohin uns die Natur versetze, wenn sie uns aus den Banden dieses Körpers befreit? Was es sei, was das Schwergewicht dieses Weltalls in seiner Mitte halte und mache, daß es über dem Leichten schwebe, daß das Feuer hoch in den Äther aufsteige und die Gestirne ihre richtige Bahn ziehen? Und was es sonst noch überall für wundersame Dinge gibt.
Willst du dich vom Erdboden erheben und deine Gedanken dorthin wenden? Jetzt, solange das Blut noch warm ist und unsere Lebenskraft noch frisch, müssen wir an die höheren Dinge herangehen. Wenn du so lebst, dann wartet auf dich ein reicher Schatz an edlen Wissenschaften, Lust und Liebe zum Tun des Guten, das Schweigen der Leidenschaften, die Kunst zu leben und zu sterben, ein Zustand tiefer Ruhe.
Wohl befinden sich alle betriebsamen Menschen in einer traurigen Lage, am traurigsten aber steht es um jene, die sich bei ihrer Betriebsamkeit nicht einmal um ihre eigenen Probleme bemühen; wenn sie schlafen, so ist es der Schlaf eines anderen, wenn sie essen, ist es

der Appetit eines anderen, und wenn sie lieben oder hassen, was doch die freiesten Regungen sind, so folgen sie damit dem Befehl eines anderen. Wollen sie einen Begriff bekommen von der Kürze ihres eigenen Lebens, dann sollen sie bedenken, welch geringer Teil davon nur ihnen gehört. Wenn du aber wahrnimmst, daß sie oft schon das Staatskleid anlegten, daß ihr Name auf dem Forum in Ehren steht, dann beneide sie nicht! Das ist ein Gewinn, den man nur mit dem Leben bezahlt. Daß ein einziges Jährlein ihren Namen trägt, dafür müssen sie alle ihre Jahre opfern. Schon manche hat das Leben verlassen, noch während sie den Gipfel der Ehre vor sich hatten und während sie sich auf den ersten Sprossen abmühten. Manche sind durch tausendfache Würdelosigkeit zur höchsten Würde mühsam gelangt, und nun bedrängt sie der sorgenvolle Gedanke, sie hätten sich abgerackert um einen Titel auf ihrem Grabmal. Manche sind im höchsten Greisenalter, in dem sie noch wie Jünglinge neue Hoffnung nährten und Pläne machten, inmitten großer und unablässiger Anstrengungen kraftlos zusammengebrochen.

Schmach über den, den der Lebensodem verläßt, während er als Greis vor Gericht den Anwalt macht, für gänzlich fremde Streitende, nur um den Beifall der verständnislosen Menge zu erhaschen! Schande über den, der, eher des Lebens als seiner aufreibenden Geschäftigkeit müde, inmitten seiner Pflichterfüllung zusammenbricht! Schande über den, dem der lange auf die Folter gespannte Erbe hohnlacht, wenn er inmitten seiner Abrechnungen tot umsinkt! Da fällt mir ein Beispiel ein, mit dem ich nicht hinterm Berg halten kann: Turannius war ein alter Mann und immer noch von gewissenhaftester Pünktlichkeit. Als er, schon über neunzig Jahre alt, von Gaius Caesar aus dem Amt eines Getreideverwalters ohne sein Ansuchen entlassen wurde, da ließ er sich aufs Bett legen und gebot den ihn umstehenden Hausgenossen, ihn wie einen Toten zu beklagen. Das ganze Haus jammerte über die Muße, die dem greisen Herrn auferlegt worden war, und man beendete die Trauer nicht eher, als bis er sein anstrengendes Amt wieder zurückerhalten hatte. Ist es denn so angenehm, wenn man bis in den Tod hinein tätig sein darf? So jedoch denken die meisten; ihr Verlangen nach Mühen reicht weiter als ihre Kraft. Der Schwäche des Körpers wollen sie nicht nachgeben; am Greisenalter sehen sie nur das eine Unangenehme, daß es sie von ihren Geschäften zurückhält. Das Gesetz befreit einen vom fünfzigsten Lebensjahr an vom Kriegsdienst und vom sechzigsten an von der Mitgliedschaft im Senat; weniger bereitwillig jedoch gewähren sie selbst sich die Ruhe als das Gesetz. Während sie aber mittlerweile weder sich noch andere zur Ruhe kommen lassen, während einer des anderen Ruhe erschüttert, während sie sich gegenseitig im Elend ablösen, entbehrt ihr Leben jeglichen Gewinns und jeglicher Lust, und von einem geistigen Wachstum kann keine

Rede sein; niemand hat den Tod vor Augen, ein jeder lenkt sein Hoffen in die weite Ferne. Es gibt sogar Leute, die über ihr Leben hinaus Anordnungen treffen und ganze Steingebirge von Denkmälern, die Stiftung öffentlicher Bauwerke und Fechterspiele an ihrem Scheiterhaufen und dazu noch ein Leichenbegängnis von üppiger Prachtentfaltung verlangen. Doch, beim Herkules, gerade sie, die am wenigsten gelebt haben, sollten beim Schein von Fackeln und Wachskerzen bestattet werden!

Vom glückseligen Leben (De vita beata)

Ein glückliches Leben, mein Bruder, wünscht sich ein jeder, doch die Voraussetzungen hierfür will keiner erkennen. Es ist ja wirklich auch gar nicht leicht, das Glück zu gewinnen: einmal vom rechten Wege abgeirrt, entfernt man sich trotz eiligen Suchens immer weiter davon. Führt einen der Weg gar in entgegengesetzter Richtung, macht gerade die Eile den Abstand vom Glück um so größer. So bleibt denn nichts anderes, als daß man sich zunächst über sein Ziel klar wird, sodann über den Weg, der raschestens dorthin führt. Ist es der rechte Weg, dann sieht man schon, wieviel sich davon täglich bewältigen läßt und wie man sich, beschwingt von natürlichem Verlangen, seinem Ziele nähert. Schweifen wir aber ziellos umher, wie es uns gerade gefällt, und lassen wir uns vom Wirrsal lauter und leiser Lockrufe betören, dann zerrinnt uns das kurze Leben, mögen wir auch Tag und Nacht um die rechte Einsicht ringen. So kommt es also darauf an, sich für Weg und Ziel zu entscheiden, auch einen tüchtigen Führer zu wählen, der beides aus Erfahrung genau kennt. Denn hier ist es nicht ganz so wie bei gewöhnlichen Reisen, wo der eingeschlagene Pfad sowie die Auskunft der Anwohner einen Irrweg unmöglich machen; im Gegenteil, der meistbegangene, bekannteste Weg führt hier ganz sicher in die Irre. Drum vor allem ja nicht wie das liebe Vieh einfach hinter dem

Vorderen einhertrotten, nur der Spur folgend, ohne das Ziel im Auge! Nichts macht uns doch größere Beschwer, als wenn wir auf das Geschwätz der Menge hören und in ihrem Beifall, wie es so oft geschieht, einen Maßstab für das Gute sehen, wenn wir, statt eigener Einsicht zu folgen, das fremde Beispiel suchen. Da muß es zu einem Gedränge kommen, in dem einer schließlich über den anderen stürzt. Bei einer großen Panik reißt ja jeder, der da fällt, noch seinen Nachbarn mit, und die Vorderen bringen so die Nachfolgenden zu Fall; genauso ist es überall im Leben: niemand irrt nur für sich allein, jeder trägt auch Schuld am Irrtum seiner Mitmenschen. Alles Mitläufertum ist nämlich von Übel: jeder will lieber Übernommenes glauben als nachdenkend zu einem eigenen Urteil gelangen. So macht sich auch keiner über das Leben Gedanken, sondern man glaubt den anderen, und der Irrtum geht von Hand zu Hand, treibt mit uns sein Spiel und stürzt uns schließlich ins Verderben. Das Beispiel der anderen ist es, was uns in den Untergang reißt; Rettung bringt nur die Absonderung von der Masse. Sie aber steht der Vernunft feindlich entgegen, indem sie ihr eigenes Verderben verteidigt. Es ist das gleiche wie beim Wählen: wendet sich das Blatt der Volksgunst, dann wundern sich gerade die über den Erfolg eines Kandidaten, die ihm ihre Stimme gaben. Ein und dasselbe wird gebilligt und getadelt; dies ist das Schicksal eines jeden Urteils, bei dem die Menge entscheidet.

Geht es um das »glückliche Leben«, dann kann man nicht wie bei einer Abstimmung mit der bekannten Wendung arbeiten: »So denkt offenbar die Mehrheit.« Dies spricht nämlich hier gerade gegen die Wahrheit. Leider ist es um die Menschen nicht so bestellt, daß die Mehrzahl von ihnen auch jeweils am Besseren Gefallen fände; die Einstellung der Masse ist geradezu ein Beweis für die Untauglichkeit einer Auffassung. Deshalb laute unsere Frage: »Was ist das Beste?«, nicht »Was geschieht gewöhnlich?« und »Was begründet uns den Besitz eines beständigen Glücks?«, nicht »Was will die Masse?«, die doch so gar nichts mit der Deutung der Wahrheit zu tun hat. Zur Masse rechne ich aber genauso Menschen im schlichten Gewande wie gekrönte Häupter. Ohne Bedeutung ist für mich die Farbe der Kleider, womit sie ihre Erscheinung verbrämen, und nicht den Augen vertraue ich beim Urteil über einen Menschen; ein besseres und verlässigeres Licht leuchtet mir, um Wahr und Falsch zu unterscheiden: der Geist finde des Geistes Wert! Findet er einmal Zeit, sich zu erholen und bei sich selbst Einkehr zu halten, wie wird er dann von sich selbst gedrängt, die Wahrheit zu gestehen und zu bekennen: ich wünschte, es wäre alles ungeschehen, was ich bisher tat; denke ich zurück an alles, was ich gesprochen, so beneide ich die Stummen; all mein Wünschen kommt mir vor wie eine Verwünschung durch meine Feinde. Und wovor mir graute, ihr guten Götter – wieviel leichter war es zu tragen, als was ich begehrte! Mit so vielen lebte ich erst in Feindschaft, um mich schließlich vom Haß zur Freundschaft zu wenden, soweit man überhaupt im Bannkreis des Bösen von Freundschaft sprechen kann: mir selbst aber bin ich immer noch nicht Freund geworden. Alles habe ich getan, um mich aus der Masse zu erheben und mich durch irgendein Talent hervorzutun; was war's? Den Pfeilen der Gegner bot ich ein Ziel, und der Bosheit zeigte ich, wo ich zu verwunden war. Siehst du die Leute, die deine Beredsamkeit loben, deinem Reichtum nachlaufen, um deine Gunst buhlen und deinen Einfluß gar hoch anschlagen? Sie alle sind deine Feinde oder – was das nämliche ist – können es werden. Jeder, der dich bewundert, beneidet dich zugleich.

So will ich lieber etwas suchen, was sich als echtes Glück bewährt, was ich auch wirklich als solches empfinde, keines, was mir nur als Aushängeschild dienen kann. Was nämlich die Blicke fängt, wovor man stehenbleibt, was einer voll Staunen dem anderen zeigt, das glitzert wohl nach außen, doch innen ist es morsch. Wollen wir suchen, was nicht nur nach außen hin gut erscheint, sondern was innerlich fest gefügt, was im ganzen tüchtig und auf seiner abgekehrten Seite sogar noch vollendet ist; dies sei das Ziel unseres Mühens! Nicht so ferne liegt es ja, und es läßt sich finden, sucht man nur in der rechten Richtung. Jetzt tappen wir gleichsam im dunkeln und sehen nicht, was am nächsten liegt, ja wir stoßen uns gar an dem, was wir suchen. – Um dich aber nicht im Kreise zu führen, rede ich nicht davon, wie andere denken – zu weit würde es uns nämlich führen, all das aufzuzählen und gar zu widerlegen. Vernimm vielmehr unsere Ansicht! Sage ich aber »unsere Ansicht«, so will es nicht bedeuten, daß ich mich von irgendeinem der führenden Stoiker ins Schlepptau nehmen lasse, denn auch mir steht das Recht einer eigenen Meinung zu. Deshalb werde ich dem einen beipflichten, von einem anderen aber verlangen, er solle mir seine Ansicht im einzelnen darlegen. Werde ich schließlich nach meiner Meinung befragt, so verwerfe ich vielleicht keine der Ansichten meiner Vorgänger und füge lediglich an: »Dazu darf ich noch folgendes sagen . . .« Bei all dem folge ich dem obersten Grundsatz der Stoa, mich an die Natur zu halten; in ihrer Spur zu wandeln und sich nach ihrem Gesetz und Vorbild zu formen, das ist weise. Innerlich glücklich ist also ein Mensch, der seiner eigenen Natur entsprechend lebt; dies ist aber nur möglich, wenn fürs erste der Geist gesund ist und auch unerschütterlich gesund bleibt, sodann wenn er stark und energisch ist, aber auch rein und geduldig, wenn er sich in Zeitumstände zu schicken vermag, wenn er das Recht des Körpers wahrnimmt, doch nicht ängstlich im Auge behält, wenn er ferner auf die übrigen Dinge des Lebens achtet, ohne die eine oder andere Seite zu sehr zu betonen, und wenn er willens ist, die Gaben des Glücks zu nutzen, ohne ihnen als Sklave unterworfen zu sein. Auch wenn ich nicht davon spräche, so bemerkst du doch, wie aus all dem eine beständige innere

Ruhe und Freiheit erwachsen muß, wenn alles beseitigt ist, was uns verwirren und schrecken könnte; denn an die Stelle der sinnlichen Genüsse und all der Dinge, die unbedeutend, kümmerlich und in ihrer Gemeinheit sogar schädlich sind, tritt eine allumfassende, eine unerschütterliche und sich gleichbleibende Freude. In ihrem Gefolge stehen Friede und Ausgeglichenheit des Herzens und Größe mit Sanftmut vereint; denn alle zügellose Triebhaftigkeit ist nur ein Zeichen von Schwäche.

Was wir unter einem »Gut« verstehen, läßt sich auch anders bestimmen, wobei andere Worte denselben Gedanken umreißen. Ein und das nämliche Heer läßt sich ja auch bald weiter entfalten, bald enger zusammenziehen; man kann die Mitte halbkreisförmig zurücknehmen oder das Ganze in gerader Linie aufstellen: wie immer man verfährt, seine Schlagkraft ist stets die gleiche, ebenso sein Wille, für dieselbe Sache einzutreten; ebenso kann man den Begriff »höchstes Gut« je nachdem ausführlicher oder gedrängter bestimmen. Es bleibt sich also gleich, ob ich sage: »Das höchste Gut ist ein Geist, der das Zufällige geringschätzt und über die Tugend sich freut« – oder »eine unüberwindliche Seelenkraft, die aus der Erfahrung lebt, ruhig handelt und dabei viel Liebe und Rücksicht auf die Mitmenschen walten läßt«. Aber auch so kann man den Begriff definieren, daß man denjenigen glücklich nennt, für den es kein anderes Gut als eine gute Seele und kein anderes Übel als eine schlechte Seele gibt, der das sittlich Gute verehrt, dem die Tugend alles bedeutet, den Zufälliges weder zu erheben noch niederzudrükken vermag, der nichts Höheres kennt, als was er sich selbst geben kann, und für den die wahre Lust darin besteht, über die Lust erhaben zu sein. Will man noch weitergehen, so kann man den gleichen Begriff beliebig abwandeln, ohne seinen Sinn zu stören. Was verbietet uns etwa, zu sagen, das wahre Glück bestehe in der Freiheit, im Adel und in der Unerschrockenheit und Festigkeit des Geistes, in der Erhabenheit über Furcht und Begierde; und es gründe sich darauf, daß man nur *ein* Gut kenne, die Sittlichkeit, und nur *ein* Übel, die Unsittlichkeit; daß man alles andere für billigen Tand erachte, der das echte Glück weder zu beeinträchtigen noch zu fördern vermag und der da kommt und vergeht ohne Gewinn oder Schaden für das höchste Gut. Wer auf solchem Boden steht, zu dem muß sich auf jeden Fall immerwährende Heiterkeit gesellen und eine tiefe, aus dem Innersten quellende Freude, die ihr Glück aus ihrem Eigentum erfährt und nichts über das hinaus begehrt, was sie in sich trägt. Sollte sie nicht die kümmerlichen, verwerflichen und flüchtigen Triebe des armseligen Körpers reichlich aufwiegen? Jeder Tag in den Banden der Sinnenlust bedeutet eine ebenso lange Unterwerfung unter den Schmerz.

Du siehst, in welch elender Knechtschaft der leben müßte, von dem abwechselnd Sinnenlust und

Schmerz, die beiden unzuverlässigsten und maßlosesten Gebieter, Besitz ergriffen. Deshalb muß man den Weg zur Freiheit finden; dieser führt aber einzig über die Gleichgültigkeit gegenüber dem Schicksal: aus ihr erwächst jenes unschätzbare Gut, die Ruhe und der Adel einer Seele, die einen festen Boden unter sich hat, die kein ruheloses Irren kennt, die aus der Erkenntnis der Wahrheit ein hohes, immerwährendes Glück erfährt, eine Heiterkeit und Gelassenheit, woraus die Freude quillt, nicht weil es sich hier um Tugenden handelt, sondern um Auswirkungen der eigenen Tugendhaftigkeit. Innerlich glücklich kann, da ich nun etwas freigebig mit Definitionen geworden bin, auch der genannt werden, der dank seiner Vernunft kein Begehren und keine Furcht mehr kennt. Denn Steine sind wohl auch frei von Furcht und Traurigkeit, ebenso die Tiere; gleichwohl wird sie niemand glücklich nennen, da ihnen ja das Bewußtsein des Glücks mangelt. Auf gleicher Stufe denke dir die Menschen, deren Stumpfsinn und Mangel an Selbsterkenntnis sie auf die Stufe des Tieres hat herabsinken lassen. Kein Unterschied ist da noch wahrzunehmen, da das Tier ja der Vernunft völlig entbehrt, während solche Menschen bloß eine verkehrte und nur zu ihrem Nachteil wirksame ihr eigen nennen; glücklich im rechten Sinne kann nämlich niemand genannt werden, dem die Wahrheit verschlossen bleibt. – So ist also jenes Leben glückselig, das sich unerschütterlich auf ein rechtes und festes Urteil gründet. Dann ist die Seele rein und frei von allen Übeln, wenn sie nicht nur mit Verletzungen, sondern auch mit den alltäglichen Quälereien fertig wird, ihren Standpunkt behauptet und ihren Ort verteidigt, auch wenn die Wogen eines zürnenden Schicksals noch so hochgehen. Mag sich auch die Sinnenlust auf allen Wegen an uns heranmachen, uns umschmeicheln und immer neue Fangnetze auswerfen, um uns ganz oder teilweise zu umgarnen – welcher Sterbliche, wenn noch eine Spur von Menschenwürde an ihm ist, möchte sich Tag und Nacht locken lassen, um dem Leib zu frönen, ohne seiner Seele zu achten?

»Aber auch die Seele«, so wendet man ein, »will ihre Lust haben.« Mag es so sein, mag sie Richterin sein über Üppigkeit und Lust; sie fülle sich an mit allem, was den Sinnen Freude zu machen pflegt. Dann blicke sie auf das Vergangene zurück, gedenke der entschwundenen Lüste, freue sich über die, welche sie einst genossen, und begehre schon die künftigen! Die Hoffnungen richte sie auf neue Ziele, und die Gedanken sende sie in die Zukunft voraus, während der Leib in der Gegenwart auf der Mast liegt: gerade dies aber scheint mir noch das größere Übel zu sein; denn statt Gutem Schlechtes zu wählen, ist heller Wahnsinn. Es gibt kein echtes Glück ohne die Vernunft, und niemand besitzt Vernunft, der Schädliches begehrt, als wäre es das Beste. Glück setzt also die Fähigkeit zu richtigem Unterscheiden voraus, Zufriedenheit mit dem Gegenwärtigen, wie immer es sei, und freudige Bejahung der eigenen Verhältnisse. Glücklich ist der, dessen Leben gänzlich von der Vernunft bestimmt ist. Auch diejenigen, die in der Sinnenlust das höchste Gut sehen, müssen erkennen, welch niedrigen Platz sie diesem einräumen. Daher behaupten sie, die Lust lasse sich nicht von der Tugend trennen, und man könne weder tugendhaft leben, ohne angenehm zu leben, noch angenehm ohne die Tugend. Ich verstehe nicht, wie man diese so verschiedenen Begriffe miteinander vermengen kann. Warum soll denn, ich bitte euch, die sinnliche Lust sich nicht von der Tugend trennen lassen? Etwa weil jedes Gut in der Tugend wurzelt und damit auch alles, was ihr liebt und begehrt? Wenn aber diese Dinge wirklich unzertrennlich wären, so könnten wir ja nicht feststellen, daß manches zwar angenehm ist, aber nicht sittlich gut, anderes wieder zwar sittlich gut, jedoch nur auf dornenvollem Wege erreichbar.

Weiter ist zu bedenken, daß die Sinnenlust auch dem schlechtesten Menschen zuteil wird, daß aber die Tugend ein schlechtes Leben verbietet und daß manche unglücklich sind, nicht, weil sie auf Sinnenlust verzichten müssen, sondern gerade weil sie diese erfahren; dies wäre aber undenkbar, wenn Sinnenlust und Tugend eins wären, da doch die Tugend oft der Lust entbehrt, ihrer aber auch gar nicht bedarf. Weshalb stellt ihr so Unähnliches, ja geradezu Entgegengesetztes zusammen? Die Tugend ist etwas Hohes, Erhabenes, Königliches, Unbesiegliches und Unermüdliches, die Sinnenlust aber etwas Niedriges, Gemeines, Ohnmächtiges, Hinfälliges; ihr Nährboden sind Freudenhäuser und Kneipen, die Tugend aber trifft man im Tempel, auf dem Forum, in der Kurie und draußen vor den Mauern auf Wache, staubbedeckt, sonnverbrannt und mit schwieligen Händen. Die sinnliche Lust versteckt sich oft und sucht das Dunkel, streicht um Badehäuser und Schwitzstuben und haust an Orten, wo die Polizei gefürchtet ist; verweichlicht ist sie und entnervt, und sie trieft von Wein und Salbe, fahl ist ihr Antlitz oder geschminkt und entstellt durch Schönheitsmittel. Das höchste Gut aber kennt nicht Tod noch Untergang, nicht Überdruß noch Reue; denn unwandelbar ist ein rechter Sinn, nie ist er sich selbst zuwider, und er bedarf auch keiner Änderung, da er ja selbst die vollendetste Lebensform bedeutet. Das sinnliche Vergnügen aber erstirbt gerade im Augenblick höchster Lust; rasch hat es seine kurze Bahn durchmessen und schnell bereitet es Ekel, schon nach dem ersten Anlauf schwindet es ermattet dahin. Auch kann etwas keine Sicherheit bieten, was in seinem Wesen unbeständig ist; und keinen Bestand hat das, was kommt und geht und im Genuß schon endet. Denn das Vergehen ist sein Ziel, und im Beginnen drängt es schon zum Ende.

Nun wird sinnliche Lust bekanntlich dem Guten wie dem Schlechten in gleicher Weise zuteil, und der Frevler freut sich seiner Schändlichkeit nicht minder als der

Edle seiner Tugend. Deshalb lehrten die Alten, man solle das beste, nicht das angenehmste Leben anstreben, so daß die Sinnenlust nicht einer rechten und guten Gesinnung vorangehe, sondern dieser zur Seite sei. Denn vorangehen muß die Natur, und die Vernunft hält sich an sie und holt sich Rat bei ihr. Das echte Glück und ein naturgemäßes Leben sind also ein und dasselbe. Was dies bedeutet, will ich erklären: naturgemäß leben heißt die körperlichen Anlagen und die Bedürfnisse unserer Natur sorgfältig, jedoch nicht überängstlich beachten als etwas Flüchtiges, das uns nur für eine kurze Spanne gegeben ist; es heißt, ihnen nicht wie Sklaven zu dienen, auch sich nicht Mächten zu ergeben, die unserem Wesen fremd sind; es heißt vielmehr, solche natürlichen Bedürfnisse, die auf uns angenehm von außen wirken, nur als »Hilfsvölker und leichte Truppen im Lager« zu erachten, die zwar dienen, aber nicht herrschen sollen und nur so unserem Geist von Nutzen sein können. Frei halte sich der Mann von allen Äußerlichkeiten, und er lasse sich nicht in ihren Bann ziehen, nur sich selbst vertraue er, sei auf alles gefaßt, und er bewähre sich als kunstreicher Bildner seines Lebens! Sein Selbstvertrauen ermangle nicht der Einsicht, seine Einsicht nicht der Festigkeit! Was er einmal für gut erkannt, daran halte er fest, und er bleibe bei seinen Entschlüssen. Es versteht sich auch ohne besonderen Hinweis, daß ein solcher Mann ohne Fehl und Tadel ist, hochherzig und voll Güte in einem. Von den Sinnen gereizt, möge seine Vernunft auf der

Suche nach einem Ausgangspunkt sich mit der Außenwelt befassen – denn sie hat ja keinen anderen Ansatzpunkt, um zur Wahrheit zu gelangen –, dann aber kehre sie zu sich selbst zurück. Denn auch das umfassende All und Gott, sein Lenker, drängen nach außen, finden aber von überall her wieder den Weg zurück zu sich selbst. Genauso halte es auch unser Geist; wenn er, den Sinnen folgend, die Außenwelt erfaßt, dann sei er Herrscher, über diese wie über sich selbst. Auf diese Weise entsteht eine in sich ausgewogene Macht und jene sichere Vernunft, die sich nicht widerspricht, die kein unsicheres Schwanken in Anschauungen, Begriffen und Überzeugungen kennt, die aber, sobald sie zu Ordnung, innerer Ausgeglichenheit, ich möchte sagen zu Harmonie gelangt ist, an das höchste Gut heranreicht. Denn entschwunden ist dann alles Niedrige und Gemeine, und es gibt kein Straucheln mehr und kein Schwanken; dann handelt der Mensch nur noch kraft eigenem Verfügen, und nichts kommt mehr von ungefähr; all sein Tun wird wohl geraten, wird leicht und ohne Zögern vonstatten gehen. Denn unschlüssiges Zaudern deutet auf innere Zerrissenheit und Mangel an Energie. So magst du also kühn behaupten, das höchste Gut sei der mit sich selbst geeinte Geist. Wo nämlich Übereinstimmung und Einheit herrschen, da müssen die Tugenden gedeihen; dem Laster aber ist der Zwiespalt eigen.

»Aber auch du«, so bekommt man zu hören, »strebst doch nur deshalb nach der Tugend, weil du irgendeine Lust von ihr erhoffst.« Fürs erste erstrebt man die Tugend, wenn sie wirklich eine Lust gewährt, nicht aus diesem Grunde; denn sie gewährt die Lust nicht als Gabe, sondern als Beigabe, und sie ringt nicht um sie, sondern ihr Ringen, das um ganz andere Dinge geht, erlangt neben diesen anderen auch die Lust. Wie auf einem Acker, der für die Getreidesaat gepflügt ist, etwelche Blumen mit aufwachsen, ohne daß man für diese gleichwohl ergötzliche Augenweide viel Mühe aufgewendet hätte – der Sämann hatte ja einen anderen Zweck im Auge, und die Blumen sprossen nur so nebenher –, so ist die Lust weder der Lohn der Tugend noch ihr Beweggrund, sondern eine Begleiterscheinung; und nicht weil sie Lust gewährt, findet die Tugend Wohlgefallen, sondern indem sie Wohlgefallen verbreitet, bringt sie auch Lust mit sich. Das höchste Gut liegt im eigenen Bewußtsein und in der Verfassung einer edlen Seele; hat sie erst zu ihrem Wesen gefunden und sich in ihrem eigenen Bereich eingeschlossen, dann ist das höchste Gut vollkommen, und nichts weiter ist vonnöten. Denn jenseits des Ganzen gibt es nichts mehr. Daher ist es schon ein Irrtum, wenn du die Frage nach dem Grund stellst, warum ich nach der Tugend strebe; denn du fragst damit nach etwas, das über dem Höchsten steht. Du fragst ferner, welchen Nutzen ich aus der Tugend ziehen will? Sie selbst! Denn sie hat nichts Besseres, sie ist ihr eigner

Lohn. Ist das nicht wunderbar genug? Wenn ich dir sage: das höchste Gut ist unerschütterliche Beharrlichkeit des Geistes, Umsicht, Erhabenheit, Gesundheit, Freiheit, Ausgeglichenheit und Schönheit der Seele, verlangst du dann noch Größeres als Maßstab für all dies? Was sprichst du mir da von Lust? Des Menschen höchstes Gut suche ich, nicht die Lust des Bauches; denn damit sind ja Vieh und wilde Tiere besser gestellt.

»Du tust«, so sagt man, »als verständest du nicht, was ich sage. Ich behaupte nämlich, niemand könne angenehm leben, ohne zugleich ein sittlich gutes Leben zu führen; dies aber kann doch nicht bei den stummen Tieren der Fall sein, noch bei Menschen, für die der Bauch das Maß des höchsten Gutes bestimmt. Ich betone es klar und deutlich: was ich unter einem angenehmen Leben verstehe, läßt sich einzig durch die Tugend erreichen.«
Gut! Aber wer wüßte nicht, daß auch die größten Toren im reichsten Maße das genießen können, was ihr unter Lust versteht, und daß das Böse Überfluß hat in allen Annehmlichkeiten, ja, daß die Seele selbst viele niedrige Formen der Lust sich verschafft: den Stolz vor allem und die Selbstüberhebung, Aufgeblasenheit, die auf andere herabsieht, eine blinde, unbekümmerte Eigenliebe, eine schlaff machende Weichlichkeit, ferner eine läppische Freude an kindischem Gebaren, Geschwätzigkeit, Hochmut verbunden mit Schmähsucht, Faulheit und schließlich jenen Mangel an inne-

rer Sammlung, wie er träge Menschen kennzeichnet, die über sich selbst in Schlaf versinken. Dies alles verschwindet vor der Tugend; sie zupft dich am Ohr und prüft das Vergnügen, ehe sie es gestattet, und hat sie eines gebilligt, dann legt sie doch keinen besonderen Wert darauf oder geht über die bloße Erlaubnis hinaus; nicht das Genießen selbst, sondern das Maßhalten ist es, was ihr Freude macht. Mindert aber die Mäßigung das Vergnügen, dann ist sie ja eine Sünde am höchsten Gut. Du gibst dich ganz und gar dem Vergnügen hin, ich dagegen weise es in seine Schranken; du genießest es, ich halte es nur zu meiner Verfügung; du siehst in ihm das höchste Gut, für mich ist es gar kein Gut; du tust *alles* des Vergnügens wegen, ich *nichts*. Und wenn ich dies von mir behaupte, so tue ich es in der Rolle des Weisen, dem man doch allein wahres Vergnügen zuerkennen muß.

Der aber ist für mich nicht weise, über dem noch etwas steht, geschweige denn, wenn er von der Lust beherrscht wird. Ist solches der Fall, wie sollte er Mühen, Gefahren, Armut und mancherlei Schrecknisse meistern, die den Menschen umlauern? Wie kann er den Anblick des Todes oder des Schmerzes ertragen, wie das Beben der Erde und gar einen mächtigen Ansturm seiner Feinde, wenn er sich schon von einem so kümmerlichen Gegner unterkriegen läßt? Wozu die Lust ihm rät, das wird er tun. Doch siehst du nicht, wozu sie ihm raten wird? »Sie kann«, so hört man darauf, »keinen schlechten Rat geben, da sie ja mit der Tugend im Bunde ist.« Siehst du wiederum nicht, was das für ein höchstes Gut ist, das einen Wächter braucht, um überhaupt ein Gut zu sein? Wie kann aber die Tugend eine Lust beherrschen, der sie auf dem Fuße folgen muß, wo das Folgen doch Sache des Gehorchenden, das Beherrschen aber Sache des Gebietenden ist? Was befehlen soll, reihst du also hinten an? Eine ausgezeichnete Aufgabe hat aber bei euch die Tugend, da sie die Lust vorher auf ihren Geschmack prüfen muß! Doch wir werden sehen, ob man bei denen, welche die Tugend so schimpflich behandeln, überhaupt noch Tugend vorfindet, die ja nicht mehr zu Recht ihren Namen führt, wenn sie von ihrer Stelle gewichen ist. Ich will nun – darauf kommt es doch an – deinen Blick auf viele lenken, die völlig von der Sinnenlust in Beschlag genommen sind, über die das Glück all seine Gaben ausgeschüttet hat, von denen du aber doch gestehen mußt, sie seien schlechte Menschen. Da ist ein Nomentanus, ein Apicius, Männer, welche die Güter von Land und Meer, wie sie sagen, auf ihre Tafel bringen und dort ihre Augen an den Tieren aller Zonen weiden. Schau doch, wie sie von ihrem Rosenlager aus nach der Küche spähen, wie sie das Ohr am Gesang, das Auge am Schauspiel und den Gaumen an Leckerbissen laben. Ihr ganzer Körper ist den Reizen weichlicher Wärmemittel ausgesetzt, und damit auch die Nase nicht zu kurz komme, wird selbst der Ort, an dem sie für ihre Üppigkeit bezahlen müssen, mit den verschiedensten Wohlgerüchen versehen. Daß solche Menschen im Vergnügen leben, wirst du sicher bestätigen, und doch wird es ihnen nicht wohl sein, da sie sich an etwas freuen, was kein echtes Gut ist.

»Freilich wird es ihnen dabei nicht wohl sein«, erwidert man, »weil so manches dazwischenkommt, was den Geist unsicher macht, und weil widersprechende Gedanken ihnen übel mitspielen werden.« Zugegeben! Trotzdem erfahren diese Toren, diese unausgeglichenen und der Reue verfallenen Menschen viel Lustvolles, so daß man zugeben muß, sie seien von allem Ungemach nicht weniger weit entfernt als von der rechten Gemütsverfassung und leben als lachende Irre in einer Art heiterem Wahnsinn. Dagegen bleibt das Vergnügen des Weisen maßvoll, bescheiden, ich möchte fast sagen, temperamentlos, gedämpft und von außen kaum wahrnehmbar; denn es stellt sich von selbst ein und findet, obgleich es von selbst kommt, keinen besonders ehrenvollen und freundlichen Empfang: der Weise nimmt es in seinem Leben so nebenher mit wie Spiel und Scherz inmitten des Ernstes. Man lasse es also, Dinge miteinander zu verbinden, die nicht zusammengehören, und werfe nicht Tugend und lustvolles Vergnügen in einen Topf; denn damit schmeichelt man nur dem Bösen. So ein Meister des Vergnügens, der da rülpsend in seinem Rausch vegetiert, meint sonst noch, da er sich im Wirbel des Vergnügens weiß, er halte es gar mit der Tugend; denn er hört ja, daß beides zusammengehöre, und nennt folglich sein wüstes Treiben noch Weisheit und hängt Dinge an die große Glocke, die er besser verbergen sollte. Nicht Epikur verführt sie zur Schwelgerei, sondern dem Laster hingegeben verstecken sie ihre Ausschweifung unter dem Deckmantel der Philosophie und laufen nur immer den Marktschreiern des Vergnügens nach. Und was Epikur mit Ernst und Scharfsinn unter Lust begreift, das ist für sie, bei Herkules, gleichgültig; sie laufen vielmehr nur hinter seinem Namen her, um für ihr lasterhaftes Leben ein Aushängeschild und einen Deckmantel zugleich zu finden. So entschwindet ihnen auch noch das einzige Gute, was sie in ihrer Bosheit noch hatten, nämlich die Scheu vor der Sünde. Denn nun preisen sie, dessen sie sonst sich schämten, und rühmen sich ihrer Lasterhaftigkeit. Und darum kann dic Schamhaftigkcit nicht mehr zu Ehren kommen, da sich dem liederlichen Müßiggang ein so ehrbarer Titel zugesellt hat. Dies ist auch der Grund, warum das laute Lob des Vergnügens so verderblich wirkt, weil nämlich die sittlich guten Lehren (Epikurs), die dahinter stecken, überhört werden, das Verderbliche aber um so lauter tönt.

Was mich betrifft, so bin ich der Ansicht (und ich vertrete diese auch, obgleich meine Freunde von der Stoa sie nicht gerne hören), daß Epikurs Lehre lauter und richtig ist, daß sie bei näherem Zusehen sogar harte Züge trägt; denn jene vielerwähnte Lust schrumpft auf eine Kleinigkeit zusammen, und unser Maßstab für den Begriff der Tugend ist der nämliche wie seiner für den Begriff der Lust: nach Epikur muß sie der Natur untertan sein. Was aber der Natur genügt, ist für die Üppigkeit zuwenig. Wie verhält es sich nun? Wer träge Muße und eine Vielfalt von Gaumengenüssen und Wollust als »Glück« bezeichnet, sucht für eine schlechte Sache einen guten Gewährsmann; läßt sich dieser durch den angenehmen Klang eines Namens herbeilocken, dann geht er dem Vergnügen nach, aber nicht dem, von welchem er sprechen hört, sondern dem, das er schon mit sich trug; und hat er erst einmal angefangen, seine Fehler mit jenen philosophischen Lehren gleichzusetzen, dann frönt er ihnen nicht mehr schüchtern und im geheimen, sondern erhebt dabei noch frech sein Haupt. Deshalb kann ich dem nicht beipflichten, was die meisten Anhänger unserer stoischen Lehre behaupten, Epikurs Schule lehre das Laster, sondern ich behaupte, sie steht in einem schlechten Rufe und ist verschrien, doch zu Unrecht! Wer kann dies aber wissen, wenn er nicht näher mit der Sache vertraut ist? Der äußere Schein gibt Anlaß zum Gerede und läßt fälschlicherweise Schlimmes erwarten. Es ist das gleiche, wie wenn sich ein tapferer Mann in ein Frauenkleid hüllt: Keuschheit und Männlichkeit bleiben dir erhalten, keiner Schande gibt sich dein Körper hin, magst du auch in der Hand das Tamburin führen. Deshalb wähle man einen ehrbaren Namen und eine Aufschrift, die zur Seele spricht; der bisherige

Name sprach zum Leib und rief nach den Lastern, die auch sogleich sich einstellten. Wer immer der Tugend sich weiht, beweist, daß er edel veranlagt ist; wer der sinnlichen Lust folgt, der erscheint entnervt, gebrochen und in seiner Männlichkeit heruntergekommen, nahe schon der Schande. Es müßte denn sein, daß ihm jemand den Unterschied zwischen den einzelnen Formen der Lust darlegen kann, daß er wüßte, welche von ihnen innerhalb der Grenzen natürlichen Begehrens bleiben und welche blind und hemmungslos dahinrasen, um so unersättlicher, je mehr man ihnen freien Lauf gibt. – So gehe uns denn die Tugend voran, dann werden wir ohne Gefahr folgen können! Ein Zuviel an sinnlicher Lust bringt Schaden; bei der Tugend aber gibt es kein Zuviel, da sie selbst das Maß ist. Was aber mit seiner eigenen Größe nicht fertig wird, das ist fürwahr kein Gut. – Von Natur aus bist du außerdem mit Vernunft begabt; was Besseres aber kann sich dir bieten als die Vernunft? Und gefällt dir diese Gesellschaft und willst du dich damit gerne einem glücklichen Leben zuwenden, dann laß die Tugend vorangehen, die Lust aber begleite dich und sei um dich wie ein Schatten! Die Tugend aber, das erhabenste aller Güter, zur Magd der Lust erniedrigen, das kann nur einer, der keines hohen Gedankens fähig ist.

Immer gehe die Tugend voran und trage das Banner; wir werden gleichwohl der Lust innewerden, doch werden wir sie beherrschen und ordnen; Bitten werden bei uns einiges ausrichten, aber nichts erzwingen. Doch jene, welche die Lust obenanstellen, müssen auf beides verzichten: die Tugend geht ihnen verloren, die Lust aber haben sie nicht, sondern die Lust hält sie gefangen; und entweder foltert sie der Mangel an Lust, oder sie ersticken am Überfluß; bedauernswert sind sie, wenn sie entschwindet, noch mehr aber, wenn die Überfülle sie erdrückt. Ihnen ergeht es wie den Schiffern, die in Untiefen geraten und bald auf dem Trockenen festsitzen, bald auf wilden Wogen treiben. Genauso aber ergeht es einem, wenn die Mäßigung fehlt und wenn man blind den sinnlichen Dingen zugetan ist. Wer Böses statt Gutem begehrt, für den ist es gefährlich, ans Ziel seiner Wünsche zu kommen. Wie wir bei der Jagd auf wilde Tiere weder Mühen noch Gefahren scheuen, unserer Beute aber nicht froh werden, da das erjagte Wild oft seine Jäger zerfleischt, so verhält es sich mit der Begierde nach allzu großer Lust: das Ende davon ist großes Unheil, und die Beute wird auch hier zum Jäger. Je größer die Lust, desto schlimmer steht es um ihren Knecht, den die Menge glücklich nennt. Um bei unserem Bilde zu bleiben: gleichwie der Jäger, der das Lager des Wildes aufspürt und es gern in der Schlinge fangen und das weite Waldgebirge mit Hunden umstellen möchte, wie er, um auf der Spur zu bleiben, Wichtigeres hintanstellt und auf viele Geschäfte verzichtet, so vergißt einer im Banne der Lust alles andere, vor allem die Freiheit, die er dem Bauche opfert; er erkauft sich nicht die Lust, sondern er verkauft sich an sie.

»Was steht denn im Wege«, so hört man, »Tugend und Lust in eins zu verschmelzen und so das höchste Gut entstehen zu lassen, indem das sittlich Vollkommene zugleich das Angenehme wäre?« Dies ist deshalb unmöglich, weil ein Teil der Tugend nur wieder Tugend sein kann und weil das höchste Gut in seiner ihm eigenen Reinheit gestört wäre, wenn es einen im Vergleich zum übrigen weniger edlen Bestandteil an sich fände. Nicht einmal die Freude, das Kind der Tugend, ist ein Teil des absolut Guten, obgleich sie etwas Gutes ist, sowenig wie die Heiterkeit und die Ruhe, mögen sie auf noch so freundlicher Flur gedeihen; denn es handelt sich hier wohl um Güter, aber um solche, die im Gefolge des höchsten Gutes stehen, nicht um solche, die etwa ihr Wesen ausmachen. Wer aber Tugend und Lust miteinander verbindet, und zwar nicht einmal zu gleichen Teilen, der gefährdet durch die Schwäche des einen Teils auch die Kraft des anderen, und er legt die Freiheit in Ketten, die nur dann unüberwindlich ist, wenn sie sich als das Höchste und Wertvollste anerkannt weiß. Denn das Glück wird nun nicht mehr und mehr zum Bedürfnis, und dies ist doch die schlimmste Form der Knechtschaft. Die Folge davon ist ein Leben voll Angst, Mißtrauen und Unentschlossenheit, das sich in banger Erwartung vor allerlei Wechselfällen fürchtet. Keinen festen, unerschütterlichen Boden bereitest du da der Tugend, und auf unsicherem Grunde läßt du sie stehen. Was aber ist so wandelbar wie die Erwartung des Zufalls und die Veränderlichkeit des Körpers und der Dinge, die auf ihn einwirken? Wie soll man Gott gehorchen und alles, was geschieht, mit Gleichmut und ohne Klage hinnehmen können und dabei noch alle Fügungen zum Besten auslegen, wenn einen die leisesten Berührungen von Lust und Leid schon aus der Fassung bringen? Wer stets auf das Vergnügen sinnt, kann aber auch nicht sein Vaterland tüchtig beschirmen. Deshalb muß sich das höchste Gut so hoch erheben, daß es durch keine Macht erniedrigt werden kann, so hoch, daß weder Schmerz noch Furcht oder Hoffnung Zugang haben, noch irgend etwas, was das Recht des höchsten Gutes schmälern könnte. Dorthin aber vermag nur die Tugend sich zu erheben; nur indem man mit ihr Schritt hält, erreicht man solche Höhe. Sie allein wird ohne Wanken stehen und, was da kommt, nicht nur duldend ertragen, sondern es willig auf sich nehmen im sicheren Wissen, daß jedes Hemmnis im Leben Auswirkung eines Naturgesetzes sei. Und wie ein tapferer Soldat seine Wunden ertragen, seine Narben zählen und von Geschossen durchbohrt noch im Sterben den Feldherrn lieben wird, für den er in den Tod geht, so wird er jener alten Weisung eingedenk sein: halte dich an die Gottheit! Wer aber jammert, weint und stöhnt, muß freilich unter Zwang das ihm Gebotene tun und wird auch gegen seinen Willen dazu genötigt. Doch ist es nicht töricht, sich schleppen zu lassen statt willig zu gehen? Ja, es ist ebenso Torheit und Mangel an Einsicht in die eigene Lage, über Verlust und harte Schicksalsfügung betrübt zu sein, oder Verwunderung und Empörung zu empfinden über das, was Gute und Schlechte befällt, etwa Krankheiten, Todesfälle, Gebresten und was einem sonst noch Unangenehmes im Leben zustößt. Alles, was uns entsprechend dem Wesen der Schöpfung auferlegt ist, sollten wir hochgemut bejahen; wir sind ja in heiliger Pflicht gebunden, jegliches Geschick der Sterblichen zu tragen und uns nicht beunruhigen zu lassen durch Einflüsse, die auszuschalten wir nicht die Macht besitzen. In einem Königreich sind wir geboren, und der Gottheit zu gehorchen ist unsere Freiheit.

So liegt das echte Glück in der Tugend. Was wird sie dir raten? Du möchtest nicht für ein Gut oder ein Übel ansehen, was dir nicht aus der Tugend oder aus dem Laster erwächst; sodann solltest du unerschütterlich stehen, selbst wenn sich Böses aus dem Guten ergibt, damit du der Gottheit ähnlich wirst, soweit dies möglich ist. Was aber verheißt sie dir für einen solchen Kampf? Etwas Gewaltiges, was nur den Göttern zu eigen: keinen Zwang wirst du spüren, keiner Hilfe bedürfen; frei wirst du sein und sicher, und kein Haar wird dir gekrümmt; was du in die Hand nimmst, bringt dir Erfolg, und nichts steht dir im Wege; alles geht dir nach Wunsch, nichts Unange-

nehmes wird dir begegnen, nichts soll deine Erwartung, nichts deinen Willen enttäuschen.
»So wäre also die Tugend ausreichend für ein wirklich glückliches Leben?« Wie sollte sie, die Vollkommene, die Göttliche, nicht hinreichen, mehr als genügsam? Was könnte denn dem abgehen, der über alles Begehren erhaben ist? Wessen bedarf der noch von außen, der allen Reichtum in sich trägt? Dennoch ist dem, der nach der Tugend strebt, mag er es schon weit darin gebracht haben, noch manche Gunst des Schicksals vonnöten – denn noch steht er ja im Kampf mit allem Menschlichen –, bis er einmal jede Fessel der Sterblichkeit abstreift. Was unterscheidet dann die voneinander, die nach der Tugend streben? Dies eben, daß die einen dem Menschlichen nur verhaftet sind, während andere daran gefesselt sind und wieder andere in seiner Folter stehen. Wer zu Höherem fortgeschritten ist, der ist zwar noch nicht völlig frei, doch beinahe schon, und er trägt nur eine leichte Kette.

Da könnte nun einer von denen, die in der üblichen Weise gegen die Philosophie geifern, einwenden: »Warum bist du im Reden so stark und im Handeln so schwach? Warum dämpfst du deine Stimme vor dem Höhergestellten, warum erachtest du Geld als ein lebensnotwendiges Ding? Was läßt du dich durch einen Verlust aus dem Gleichgewicht bringen, wieso weinst du, wenn du vom Tod der Gattin oder des Freundes hörst? Was kümmern dich guter Ruf und böäses Gerede? Warum ist dein Land besser bebaut, als es dem natürlichen Bedürfnis entspricht? Warum an deinem Tisch dieser Unterschied zwischen Lehre und Leben? Woher dieser Aufwand in deinem Hausrat? Warum läßt du Wein auftragen, der älter ist als du? Wozu das Gold überall? Und die Bäume, die nichts als Schatten spenden? Ein ganzes Vermögen kostet das Geschmeide, das deine Frau an den Ohren hängen hat – wozu dies, wozu livrierte Diener? Eine regelrechte Kunst bedeutet in deinem Haus das Aufwarten, und das Tafelsilber liegt nicht irgendwo, sondern genau am bestimmten Platz; ja, da ist gar ein eigener Meister, der dir den Braten zerlegt – wozu all dies?« Und weiter noch, wem's gefällt: »Warum hast du Güter in Übersee? Warum besitzest du mehr, als du überschauen kannst? Eine Schande ist es, daß du entweder zu gleichgültig bist, deine ganzen Sklaven zu kennen – oder daß du deren mehr hältst, als du im Sinne behalten kannst?« Später will ich deine Schmähungen noch ergänzen und mehr, als du glaubst, mit mir selbst zu Gericht gehen; für jetzt sage ich dir nur das eine: ich bin kein Weiser, und – um dich vollends gegen mich einzunehmen – aus mir wird auch niemals einer werden. Verlange noch nicht von mir, daß ich es mit den Besten aufnehmen kann, sondern höchstens, daß ich besser sei als die Schlechten. Mir genügt es, wenn ich täglich meine Fehler etwas zu verringern und mein Irren zu beklagen vermag. Noch steht es um meine Gesundheit nicht zum besten, und es wird wohl auch so bleiben;

um Linderung, nicht mehr um Heilung ist es mir zu tun für mein Podagra, und ich bin's schon zufrieden, wenn es mich seltener und weniger heftig befällt. Verglichen freilich mit euch, ihr Müden, bin ich noch ein Läufer. Doch gilt dies nicht von mir persönlich – denn ich treibe noch auf dem Meer aller Laster –, nein, ich spreche von einem, der wirklich schon etwas ausgerichtet hat.

»Dies deine Worte, so dein Handeln«, willst du sagen. Genau dies ist es, was man auch Plato, Epikur und Zeno zum Vorwurf machte, ihr böswilligen Menschen, die ihr sogar den Besten am Zeuge flickt! Denn diese Philosophen sprachen ja allesamt nicht von ihrem eigenen Leben, sondern davon, wie man eigentlich leben sollte. Von der Tugend ist die Rede, nicht von meiner Person, und wenn ich mich gegen Laster wende, dann vor allem gegen meine eigenen; wenn ich die Kraft dazu habe, dann will ich schon leben, wie ich sollte. Doch eure giftgeschwollene Bosheit soll mich nicht hindern, beharrlich ein Leben zu preisen, wie ich es selbst zwar nicht führe, von dem ich aber weiß, daß es das richtige ist, d. h. die Tugend zu verehren und ihr, wenn auch in weitem Abstand, unsicheren Schrittes zu folgen. Ich kann nicht erwarten, daß der Bosheit irgend etwas heilig ist, da ihr nicht einmal ein Rucilius, ja ein Cato verehrungswürdig war. Warum sollten sie, denen der Kyniker Demetrius arm genug war, nicht jeden anderen für reich ansehen? Von Demetrius, der so hart gegen sich war, der gegen jedes Verlangen der Natur ankämpfte, der darum noch ärmer war als alle anderen Kyniker, weil er sich nicht nur wie sie den Besitz, sondern sogar das Verlangen danach versagte, von ihm behaupten sie gar, er sei nicht arm genug gewesen! Dabei war er doch bekanntermaßen nicht nur ein Lehrer der Tugend, sondern auch der Armut.

Der Epikureer Diodor, der vor kurzem in den Freitod ging, habe nicht nach Epikurs Lehre gehandelt, indem er sich die Kehle durchschnitt – so sagt man; einige wollen darin eine Wahnsinnstat sehen, andere eine unbesonnene Handlung. Er indes ward echten Glücks und eines völlig reinen Gewissens teilhaftig; er gab mit seinem Hingang sich selbst ein Zeugnis und pries damit die Ruhe eines im sicheren Port verankerten Lebens. Seine Worte, die ihr nur ungern und wie eine Aufforderung zu gleichem Tun vernehmt, waren: »Nun denn, ich habe gelebt und die Bahn des Geschikkes durchmessen!« – Einmal schwatzt ihr über des einen Leben, ein andermal über des andern Tod und schlagt Lärm um die Namen bedeutender, irgendwie hervorragender Männer, so wie die kleinen Hunde, wenn unbekannte Leute des Weges kommen. Denn es kommt euch zustatten, wenn an keinem etwas Gutes bleibt, wäre doch die Tüchtigkeit der anderen ein Vorwurf für euer Versagen! Voll Neid stellt ihr das Erhabene neben eure Gemeinheit und bemerkt gar nicht, wie sehr ihr damit euch selbst bedroht. Denn wenn schon diejenigen, die es mit der Tugend halten, habsüchtig, wollüstig und ehrgeizig sind, was seid dann ihr, denen selbst der Name der Tugend verhaßt ist? Ihr behauptet, es tue niemand das, was er laut verkünde, und keiner lebe gemäß seinen Worten: kein Wunder, wenn ihre Reden so heroische, so gewaltige, so über alle menschliche Erschütterungen erhabene Töne anschlagen! Während sie sich von dem Marterholz lösen wollen, in das jeder von euch seine Nägel einschlägt, hängen sie, wenn andere sie zum Schindanger schleppen, doch nur an einem einzigen Kreuz; welche aber ihr Leben sich selbst zur Strafe werden lassen, die martern so viele Kreuze, wie Leidenschaften sie foltern. Doch haben sie böse Zungen und sind um Worte nicht verlegen, wenn es um das Versagen anderer geht. Ich meine, das könnte man ihnen noch nachsehen, wenn nicht manche noch vom Galgen herab die Umstehenden begeiferten.

»Die Philosophen leben nicht so, wie sie lehren.« Doch viel bedeutet es schon, daß sie ihr sittliches Ideal in Worte fassen; würden sie freilich auch nach diesen Worten handeln, wer wäre dann glücklicher als sie? Allein, man darf ein gutes Wort und ein Herz voll guter Gedanken nicht einfach verachten. Geistiges Bemühen um nützliche Dinge hat auch dann seinen Wert, wenn der praktische Erfolg versagt bleibt. Was verschlägt's, wenn Gipfelstürmer den Gipfel nicht erreichen? Als Mann zolle denen, die Großes wagen, deine Achtung, auch wenn sie straucheln. Es adelt einen Menschen, ohne Rücksicht auf seine eigenen Kräfte, nur im Vertrauen auf die Natur nach den Sternen zu greifen und sich gar noch höhere Ziele zu stecken, als selbst die größten Geister zu erreichen vermögen. – »Im Angesicht des Todes will ich mich nicht anders verhalten als beim Anschauen einer Komödie; Mühen, wie groß sie auch seien, will ich auf mich nehmen, und der Geist mag dem Körper dabei Kraft verleihen. Reichtum, mag er mir gehören oder nicht, will ich verachten und weder traurig sein, wenn er anderswo in Fülle sich stapelt, aber auch nicht in Übermut schwelgen, wenn er mich lächelnd umglänzt. Gleich soll es mir sein, ob das Glück mir hold ist oder ob es sich abkehrt. Alles Land will ich als mein betrachten, das meine aber als allen gehörig. Mein Leben gebe Zeugnis davon, daß ich mir bewußt bin, für andere geboren zu sein, und dankbar will ich mich dafür der Natur erweisen; denn wie konnte sie besser für mich sorgen? Mich, den einen, hat sie allen geschenkt: dem einen, mir, gab sie alle. Meine ganze Habe will ich weder in schmutziger Weise horten noch mit vollen Händen verschwenden. Nur als ein freundliches Geschenk will ich all meinen Besitz ansehen; und was ich den Menschen Gutes tue, sei nicht nach Maß und Gewicht gemessen, sondern nur nach dem Wert, den der Beschenkte darin sieht. Nie sei mir eine Gabe zuviel, die ein Würdiger empfängt. Nichts will ich tun des Ansehens wegen, das Gewissen sei mir in allem die bewegende Kraft; wozu sie mich drängt, das will ich tun, als sei es vor aller

Augen getan. Essen und trinken will ich nur noch, um der Natur zu gehorchen, nicht, um den Bauch zu füllen und zu leeren. Gefällig will ich sein den Freunden, doch gütig und umgänglich auch mit den Feinden; noch bevor man mich anfleht, will ich gewähren, und freundlichem Bitten will ich freundlich begegnen. Ich will daran denken, daß die Welt mein Vaterland ist und die Götter es regieren, die über mir und um mich her als Richter über meine Worte und Taten walten. Und wenn einmal die Natur mein Leben zurückfordert oder ich selbst es aus eigenem Ermessen von mir gebe, dann will ich Zeugnis davon gegeben haben, daß ich ein gutes Gewissen und ein edles Streben geliebt und daß ich keines Menschen Freiheit, am wenigsten meine eigene, verletzt habe.« Wer sich zu solchen Grundsätzen bekennt und sie zu verwirklichen trachtet, der ist auf dem Weg zu den Göttern, und dies wahrlich auch dann, wenn er davon abirrt, denn »er scheiterte an einem gewaltigen Wagnis«. – Ihr freilich, die ihr die Tugend und ihre Herolde haßt, bleibt im alten Geleise. Denn kranke Augen scheuen das Licht der Sonne, und den Tieren der Nacht ist der helle Tag eine Qual; kaum steigt er empor, da drängt sie die Angst allenthalben in die Schlupfwinkel, und lichtscheu verbergen sie sich in Ritzen und Löchern. Stöhnt nur und übt eure bösen Zungen, die Guten zu schmähen, hascht sie, beißt sie: viel eher werdet ihr euch die Zähne brechen als ihnen sie eindrücken. –

»Wie kommt es, daß jener sich mit Philosophie befaßt und dabei in solchem Reichtum lebt? Wieso empfiehlt er, den Reichtum zu verachten, und hält doch an ihm fest? Weshalb lehrt er, das Leben geringzuschätzen, lebt aber doch; glaubt, die Gesundheit sei wertlos, achtet ihrer aber gar sorgfältig und wünscht sich die allerbeste? Verbannung bedeutet ihm nichts, und er meint, was schon dabei sei, den Aufenthaltsort zu wechseln; dennoch bleibt er, wenn irgend möglich, zeitlebens daheim. Die Dauer des Lebens, sagt er, sei belanglos, doch verlängert er, wenn's geht, seine Tage, und fühlt sich im höchsten Alter recht wohl.« Jawohl – aber er sagt nur, man müsse das alles geringschätzen; nicht, man dürfe es gar nicht besitzen, sondern solcher Besitz solle uns nicht ängstigen; er weist ihn nicht von sich, doch läßt er ihn ruhig ziehen, wenn er entschwindet. Wo könnte die Glücksgöttin den Reichtum ungefährdeter in Obhut geben als bei einem Menschen, von dem sie ihn klaglos wieder zurückbekommen kann? Marcus Cato pries den Curius und den Coruncanius und jene Zeit, wo der Besitz von ein paar Unzen Silber ein Vergehen war, für das sich der Zensor interessierte; dabei besaß er selber aber vierzig Millionen Sesterzien, d. h. wohl weniger als Crassus, aber immerhin mehr als Cato Censorius; vergleicht man aber, so übertraf sein Vermögen das des Urgroßvaters um vieles mehr als der Reichtum des Crassus den seinigen. Und wäre ihm noch mehr zugefallen, er hätte es auch nicht verschmäht; denn der Weise hält sich durchaus nicht der Gaben des Zufalls für unwert; seine Liebe gehört nicht dem Reichtum, doch gibt er ihm vor der Armut den Vorrang; nicht in seine Seele läßt er ihn ein, doch in sein Haus; er wirft ihn nicht weg, wenn er ihn hat, sondern hält ihn zusammen und sieht es nicht ungern, wenn ihm für die Betätigung der Tugend größere Mittel zu Gebote stehen.

Gibt es aber einen Zweifel, daß ein solcher Reichtum in den Händen eines Weisen diesem eher die Möglichkeit gibt, seine geistige Persönlichkeit zu entfalten als etwa die Armut? Diese kennt ja nur jene eine Form der Tugend, nämlich sich nicht beugen oder unterkriegen zu lassen, während im Reichtum ein weites Feld offensteht für Mäßigung, Freigebigkeit, Achtsamkeit, haushälterisches, doch auch großzügiges Wirtschaften. Der Weise wird an sich nichts auszusetzen finden, auch wenn er ein Zwerg von Statur wäre; doch wird er einen hohen Wuchs bevorzugen; auch bei schwächlichem Körper und nach Einbuße eines Auges wird er sich gesund fühlen; doch wird er Körperstärke vorziehen, freilich so, daß er sich bewußt ist, daß noch etwas Stärkeres ihm innewohnt. Krankheit wird er ertragen, Gesundheit wird er sich wünschen. Mag manches im Hinblick auf das Wesentliche unbedeutend sein und ohne Schädigung dessen zu verschmerzen sein, so trägt es doch einiges zu jener immerwährenden Heiterkeit bei, die aus der Tugend entquillt. Der Reichtum stimmt den Weisen heiter und froh, wie es etwa auch ein schöner Tag tut oder ein sonniges Plätzchen mitten im Winterfrost. Wer von den Weisen – ich spreche von unseren Freunden, für die die Tugend das einzige Gut ist – stellt in Abrede, daß auch die von uns als unwesentlich bezeichneten Dinge einigen Wert in sich tragen und darin verschieden sind? Einige davon werden geschätzt, manche sogar in hohem Grade. Und daß du dich nun nicht täuschest: der Reichtum gehört zur zweiten Gruppe! »Wieso verlachst du mich dann« – so höre ich dich sprechen – »wenn er bei dir den gleichen Platz einnimmt wie bei mir?« Willst du wissen, wieso er bei mir doch nicht den gleichen Platz einnimmt? Geht der Reichtum dahin, so schwindet für mich nur er selbst; für dich aber bedeutet sein Verlust, daß du aus der Fassung gerätst, daß du glaubst, dich selbst verloren zu haben. Bei mir nimmt der Reichtum allerdings einen gewissen Rang ein, bei dir aber den höchsten; und ich bin im Besitz des Reichtums, du aber bist des Reichtums Besitz.

Darum laß es, den Philosophen das Geld zu verbieten! Noch niemand hat die Weisheit zur Armut verurteilt. Ein Philosoph mag eine Fülle von Schätzen besitzen, aber sie sind keinem anderen genommen, kein fremdes Blut klebt an ihnen, rechtmäßig und ohne schmutzigen Handel sind sie erworben, und Ausgaben und Einnahmen sind gleich reell; niemand seufzt darüber, es sei denn ein Mißgünstiger! Vermehre deinen Reichtum, wie du willst, er besteht zu Recht; und mag vieles dabei sein, was jeder sein eigen nennen *möchte,* so findet sich doch nichts dabei, was er so nennen darf. Der Weise wird freilich die Geberlaune des Schicksals nicht von sich weisen, und eines rechtlich erworbenen Vermögens wird er sich weder rühmen noch schämen. Doch wird er sich dessen mit Recht rühmen, wenn er die Tore seines Hauses öffnet und die Mitbürger vor seine Habe treten läßt und dabei sagen kann: »Was einer als sein Eigentum erkennt, das mag er mit sich nehmen!« Ist er dann noch so reich wie zuvor, dann ist er wirklich groß und reich mit Fug und Recht; das heißt: hat er ruhig und ohne Bedenken dem Volk eine solche Untersuchung gestatten können, und fand niemand Anlaß, seine Hand auf etwas zu legen, dann mag er ohne Angst vor aller Welt seinen Reichtum besitzen. Der Weise wird keinen ungerechten Heller über seine Schwelle lassen, doch wird er auch große Schätze als Gaben des Glückes und Früchte seiner Tugend nicht von der Schwelle weisen. Weshalb denn sollte er ihnen ein gutes Plätzchen neiden? Sie sollen doch kommen, sollen Gäste sein – er wird weder groß mit ihnen tun, noch wird er sie verstecken; denn das eine wäre albern, das andere zeugte von kleinlicher Angst, wie wenn einer ein großes Gut in der Tasche verborgen hielte. Er wird sie aber, wie gesagt, auch nicht aus dem Hause weisen; denn was sollte er dazu sagen, etwa »unnütz seid ihr Schätze« oder »ich weiß nicht mit euch umzugehen«? Wie er lieber einen Wagen besteigt, wenngleich er auch zu Fuß ans Ziel käme, so wird er auch gerne reich sein, wenngleich ihm die Armut offensteht. Er wird also Schätze besitzen, doch keine Beständigkeit wird er von ihnen erwarten, und weder ihm selbst noch jemand anderem werden sie zur Last fallen dürfen. Er wird sie verschenken – was spitzt ihr die Ohren und öffnet eure Taschen? – an Gute oder an solche, die er damit gut machen kann; er wird es tun, indem er mit Sorgfalt die Würdigsten dafür auswählt und sich im klaren ist, daß man über Ausgaben wie über Einnahmen Rechenschaft geben muß. Weshalb er schenkt, das wird er sich gut und reiflich überlegen; denn übel steht es um ein Geschenk, das man vergeudet! Offene Taschen wird er haben, doch keine durchlöcherten; vieles mag aus ihnen herausgehen, nichts aber wird herausfallen.

Wer da glaubt, das Schenken sei eine einfache Sache, befindet sich im Irrtum; es ist im Gegenteil sehr schwer, wenn man mit Bedacht verfahren will und nichts dem Zufall und der Laune überläßt. Beim einen ist mein Geben ein Verdienst, beim anderen erfülle ich eine Dankespflicht; beim einen ist's Hilfe in der Not, beim anderen geschieht es aus Mitleid; wieder einen anderen beschenke ich, da es schade wäre, wenn er zum Bettler würde und Armut ihn zum Knecht machte; manchen werde ich trotz ihrer Bedürftigkeit nichts geben, denn auch ein Geschenk würde ihren Mangel nicht beheben. Manchen dagegen werde ich eines anbieten, ja sogar gewaltsam aufdrängen. Gleichgültigkeit wäre hier fehl am Platze. Nie werde ich nämlich für mehr Menschen zum Gläubiger, als wenn ich Geschenke mache. »So schenkst du also«, wendest du ein, »um deine Gaben wieder zurückzubekommen?« Nein, sondern um sie nicht ganz zu verlieren; dort sei ihr Platz, von wo man sie nicht zurückzufordern braucht, von wo sie aber zurückgegeben werden können. Wie ein tief versenkter Schatz, den man nur im Notfall ausgräbt, soll auch eine Wohltat angelegt sein. Welch reiche Gelegenheit zum Wohltun bietet nicht das Haus eines begüterten Mannes! Denn wer verbietet es, auch für Nichtrömer eine offene Hand zu haben? Die Natur verlangt nur, daß wir zu den Mitmenschen hilfreich seien; es macht keinen Unterschied, ob es Sklaven sind oder Freie, ob Freigeborene oder Freigelassene, ob die Bedürftigen kraft der Gesetze oder aus Freundschaft zur Freiheit gelangten. Wo sich ein Mensch findet, ist Wohltun angebracht. So kann einer sein Geld auch innerhalb seines Hauses hingeben und Freigebigkeit üben, die ihren Namen nicht davon hat, weil man sie Freien schuldet, sondern weil sie aus einer freien Seele kommt. Der Weise vergeudet sie nie an gemeine Menschen, die ihrer unwert sind, und er läßt sie sich auch nie so erschöpfen, daß sie nicht mit vollen Händen spenden könnte, sobald ein Würdiger sich findet. Drum versteht es nicht falsch, was die, die nach Weisheit streben, so edel, mutig und tapfer lehren, und achtet vor allem auf dies: es ist ein Unterschied, ob einer nach Weisheit strebt oder sie bereits besitzt. Jener wird sagen: »Recht schön sind meine Worte, doch immer noch bin ich ein Spielball alles Bösen; du darfst mein Leben noch nicht an meiner Lehre messen, denn immer noch arbeite ich an mir und forme mein Leben und suche es nach einem hohen Vorbild zu erhöhen; bin ich einmal an dem Ziel, das ich mir gesteckt, dann erst fordere, daß mein Handeln meinen Worten entspricht!« Wer aber schon den Gipfel menschlicher Vollkommenheit erklommen hat, wird anders mit dir reden: »Fürs erste steht dir kein Urteil zu über Menschen, die besser sind als du; ich bin schon so weit, daß ich schlechten Menschen mißfalle, ein Beweis, daß ich auf dem rechten Weg bin. Um dir jedoch Rede und Antwort zu stehen, was ich keinem Menschen versage, so vernimm, wozu ich mich bekenne und wie ich den Wert der Dinge schätze: daß der Reichtum ein Gut sei, dem widerspreche ich; denn wäre er eines, so müßte er die Menschen gut machen; weil man nun aber das, was man auch bei Schlechten vorfindet, nicht als »Gut« bezeichnen darf, so verweigere ich ihm auch diesen Namen. Im übrigen räume ich ein, daß man Reichtum wohl besitzen darf, daß er nützlich ist und daß er im Leben bedeutende Annehmlichkeiten zu gewähren vermag.

Nun vernehmet weiter, warum ich den Reichtum nicht zu den Gütern rechne und was anderes ich damit zustande bringe als ihr, die ihr genauso wie ich behauptet, man dürfe ihn besitzen!

Bringe mich in den reichsten Palast, bringe mich dahin, wo Gold und Silber zum alltäglichen Gebrauch gehören: all das wird meinen Stolz nicht reizen; denn mag es auch um mich sein, so ist es doch kein Teil von mir. Stelle mich auf die Pfahlbrücke oder verweise mich unter die Bettler: nicht werde ich darob schlechter von mir denken, da ich unter Leuten sitze, die ihre Hand nach milden Gaben ausstrecken. Was verschlägt es schon, daß es mir an einem Bissen Brot gebricht, solange ich die Freiheit habe zu sterben, wann ich will? Gewiß, jener reiche Palast ist mir lieber als die Bettlerbrücke. Versetze mich mitten unter kostbaren Hausrat und stecke mich in herrliche Kleider: ich werde mir nicht glücklicher vorkommen, wenn ich einen feinen Mantel trage und wenn ich meinen Gästen auf Purpur Platz anbieten kann. Gib mir ruhig eine andere Liegestatt: ich werde nicht unglücklicher sein, wenn ich mein müdes Haupt auf ein Bündel Heu legen muß oder wenn ich auf einem Polster ruhe, wie man es im Circus verwendet, wo durch die Nähte der brüchig gewordenen Leinwand die Füllung nach außen dringt. Jawohl, lieber zeige ich meine Gesinnung in gutem Gewande und ordentlichen Schuhen als mit nackten Schultern und zerschundenen Fußsohlen. Mag es mir jeden Tag nach Wunsch gehen und mag ein Freudenfest das andere ablösen, ich werde darob nicht selbstgefällig werden. Und laß eine solche Gunst des Augenblicks ins Gegenteil umschlagen, laß hier und dort Verlust, Trauer und mancherlei Widriges auf mich einstürmen, mag keine Stunde mir Leid versagen, im größten Elend werde ich mich nicht elend nennen und nicht einen einzigen Tag deswegen verwünschen, habe ich doch dafür gesorgt, daß kein Tag mir Unheil bringen kann. Gleichwohl will ich lieber meine Freude mäßigen, als den Schmerz bezwingen müssen.« So wird auch ein Mann wie Sokrates zu dir sprechen: »Mach mich zum Bezwinger aller Völker, des Bacchus prangender Wagen führe mich vom Anfang der Sonne im Triumph nach Theben, Könige mögen Recht und Satzung bei mir suchen: gerade dann will ich am meisten daran denken, daß ich nur ein Mensch bin, wenn man mich allüberall als Gott begrüßt. Laß nun unmittelbar auf solch göttliche Erhabenheit jählings das Gegenteil folgen, und man setze mich als Kriegsbeute in einen fremdländischen Tragstuhl, auf daß ich den Triumphzug eines stolzen barbarischen Siegers bekröne: nicht geringer werde ich in dieser Rolle sein, als wenn ich auf eigenem Gefährt stand. Und doch wollte ich lieber Sieger sein als Gefangener. Das ganze Reich des Schicksals will ich verachten; doch habe ich die Wahl, so will ich mir das Bessere daraus erwählen. Was auch an mich herankommt, wird gut sein; und doch sehe ich es lieber, wenn mir Leichteres und Angenehmeres begegnet und wenn ich Aufgaben zu lösen habe, die mir weniger zu schaffen machen. Zwar darfst du nicht meinen, daß auch nur eine einzige Tugend des Schweißes entraten könne; aber die eine braucht den Stachel, die andere den Zügel. Wie der Körper an einem steilen

Abhang eines Halts bedarf, wenn's dagegen aufwärts geht, des Antriebs, so steht es auch um die Tugenden, die sich teils auf abschüssigem Gelände bewegen, teils von unten die Höhe erklimmen. Oder gibt es einen Zweifel, daß Geduld, Seelenstärke, Beharrlichkeit und jede Tugend, die es mit Widerwärtigkeiten zu tun hat und das Schicksal meistern soll, emporstreben, sich in die Riemen legen, ja kämpfen muß? Und ist es nicht ebenso klar, daß Freigebigkeit, Mäßigung und Milde eine leichte Bahn nach unten haben? Denn hier muß man sich zusammennehmen, um sich nicht zu überstürzen, während für die erstgenannten Tugenden Mahnung und nachdrücklicher Zuspruch vonnöten sind. So werden wir also bei der Armut die kampfesstarken Tugenden ins Feld führen, während wir es beim Reichtum mit den sorgfältig prüfenden versuchen, die vorsichtig den Fuß setzen und die eigene Schwerkraft hemmen. Da es nun einmal diese beiden Arten gibt, so will ich mich lieber mit den Tugenden abgeben, die sich mit mehr Ruhe üben lassen, als mit denen, die Blut und Schweiß kosten. So lebe ich also«, sagt der Weise, »nicht anders, als ich rede; ihr aber versteht es anders; nur das Tönen der Worte dringt zu eurem Ohr; doch was sie bedeuten, das kümmert euch nicht.«

»Was unterscheidet dann mich, den Toren, von dir, dem Toren, wenn wir beide etwas besitzen wollen?« Gar viel! Dem Weisen ist der Reichtum ein Knecht, für den Toren ist er der Herr; der Weise gestattet dem Reichtum nichts, euch der Reichtum alles. Ihr gewöhnt euch an ihn und klammert euch daran, als hätte euch jemand seinen ewigen Besitz versprochen; der Weise aber gedenkt dann gerade am meisten der Armut, wenn er mitten im Reichtum steckt. Niemals traut ein Feldherr so sehr dem Frieden, daß er sich nicht für den Krieg gerüstet hielte; denn schweigen auch gerade die Waffen, so ist der Krieg doch nicht aus der Welt. Ein schönes Haus nimmt euch für sich ein, als sei es vor Brand und Einsturz sicher; auch von Schätzen laßt ihr euch fesseln, als könnte ihnen nichts etwas anhaben und als hätte das Schicksal nicht genügend Macht, sie zu verzehren. Tatenlos spielt ihr mit eurem Reichtum und seht nicht die Gefahr, die ihm droht. Es ist wie so oft bei den Barbaren, die, von den Feinden umzingelt, lässig das Tun der Belagerer verfolgen, da sie ja die Kriegsmaschinen und deren Ziel und Reichweite nicht kennen, wenn sie weit draußen in Stellung gebracht werden. Ihr döst so dahin in eurem Besitz und macht euch keine Gedanken darüber, wie viele Unfälle allenthalben lauern, um im nächsten Augenblick bei euch reiche Beute zu machen. Nimmt aber jemand dem Weisen seinen Reichtum, so wird er ihm sein Eigenstes doch belassen müssen; denn er lebt froh in der Gegenwart und bangt nicht um die Zukunft. So sagt Sokrates oder ein anderer, der gegen menschliche Widerwärtigkeiten gleichermaßen Macht und Gewalt besaß: »Für mich steht es ganz und gar fest, daß ich mein Leben nicht nach euren Ansichten richten darf. Überhäuft mich von allen Seiten mit eurem gewohnten Geschwätz: ich werde es nicht als Schmähung und als Vorwurf empfinden, sondern als das Wimmern elender Kinder.« So wird einer sprechen, dem Weisheit zuteil ward, den ein geläuterter Geist andere schelten heißt, nicht aus Haß, sondern um ihnen zu helfen. Er wird noch hinzufügen: »Nicht um meinetwillen, sondern eurethalben kümmert es mich, wie ihr von mir denkt; denn die Tugend schmähen und sie gar angreifen, heißt auf alle gute Hoffnung verzichten. Mir könnt ihr kein Unrecht tun, sowenig wie Leute, die Altäre schänden, die Götter zu treffen vermögen; nur eure böse Absicht tritt dabei zutage und eure üble Gesinnung, und dies gerade dort, wo sie keinen Schaden anrichten kann. So nehme ich euer Geschwätz hin, wie es der gütige und mächtige Jupiter mit den Albernheiten der Dichter macht, von denen der eine ihn mit Flügeln versah, während ein anderer ihm Hörner aufsetzt oder einen Ehebrecher und Nachtschwärmer aus ihm machte; sogar als Feind von Menschen und Göttern lassen sie ihn auftreten, als Verführer geraubter und obendrein noch mit ihm verwandter Freigeborener, ja als Vatermörder und als Räuber der väterlichen und einer fremden Herrschaft. Dadurch aber kam es soweit, daß den Menschen die Scheu vor der Sünde schwand, wenn sie solche Götter über sich sahen. Obgleich dies mich nicht berührt, so beschwöre ich euch doch um euretwillen: achtet die Tugend und glaubt denen, die sich schon lange um sie bemühen und die euch zurufen, es sei etwas Großes, was sie erstrebten, etwas, was von Tag zu Tag sich als größer erweist! Und ehret sie selbst wie die Götter und ihre Jünger wie deren Priester; und jedesmal, wenn ihres heiligen Namens Erwähnung geschieht, dann schweiget in Ehrfurcht (favete linguis)! Und nicht von ›favor‹ (im Sinne einer Beifallsbezeugung) leitet sich dieses Wort her, wie man zumeist annimmt, sondern es verlangt Stillschweigen, damit das Opfer ohne einen störenden Laut nach Gebühr vollendet werde. Und noch viel nötiger ist es, euch zu gebieten, verhalten und still zu lauschen, sooft von jenem Orakel ein Spruch ergeht. Wenn einer die Metallklapper schüttelt und dabei Lügen vorträgt, wie ihm befohlen, wenn ein Meister der Selbstverstümmelung Arme und Schulter mit Blut beschmiert*, wenn einer unter Geheul auf den Knien rutscht und wenn schließlich ein Greis, in Linnen gehüllt, einen Lorbeer und mitten am Tage eine Laterne trägt und schreit, irgendein Gott sei erbost, dann eilt ihr herbei und spitzt die Ohren, und versichert, indem einer des anderen Staunen noch steigert, ihr hörtet aus ihm Gottes Stimme!«

Siehe, aus dem Kerker, den er durch seinen Eintritt reinigte und an Ehre über jede Kurie erhaben machte, ruft Sokrates euch zu: »Was ist's für ein Wahn, was für

* Hinweis auf ekstatische Kultformen in Kleinasien; das anschließend erwähnte Lorbeersymbol bezieht sich auf die Sehergabe.

ein Wüten gegen Götter und Menschen, daß ihr die Tugend in Schmutz zieht und das Heilige mit euren schlimmen Worten schändet? Wenn ihr es könnt, so spendet den Guten ein Lob, wenn nicht, dann laßt sie in Frieden! Wollt ihr aber eure schändliche Niedertracht austoben, so nehmt es mit euresgleichen auf; denn wenn ihr gegen den Himmel rast, so verschwendet ihr eure Mühe; von Gotteslästerung will ich dabei nicht reden. Einst gab ich dem Aristophanes Stoff für seine Späße, und das ganze Heer der Lustspieldichter hat das Gift des Witzes über mich geschüttet. Aber gerade diese Angriffe brachten meiner Tugend den höchsten Ruhm ein; es bedeutet für sie nämlich Gewinn, wenn man sie ans Licht zerrt und prüft; denn niemand erkennt besser ihren Wert, als wer ihre Kraft erprobte, indem er sie zum Kampf forderte; des Kiesels Härte kennt am besten, wer auf ihn schlägt. Wie ein einsamer Fels im seichten Meer will ich sein, den rings die tosenden Wogen umbranden, ohne ihn vom Platz zu rücken oder in jahrtausendelangem Ansturm zu zerstören. Stürzt euch auf mich, greifet an; indem ich fest bleibe, bin ich schon Sieger. Wer gegen eine uneinnehmbare Feste anrennt, übt seine Kraft zum eigenen Verderben. Sucht euch lieber ein weiches, nachgebendes Ziel, worein sich eure Geschosse bohren können. Und ausgerechnet ihr wollt die Fehler anderer aufspüren und über jemand zu Gericht sitzen? ›Weshalb‹, so fragt ihr, ›wohnt dieser Philosoph so aufwendig? Wieso speist jener so vornehm?‹ Hitzebläschen entdeckt ihr an anderen, selbst aber seid ihr mit zahllosen Eiterbeulen bedeckt! Es ist nicht anders, als wenn einer, an dem der Aussatz nagt, sich über ein Muttermal oder eine Warze an einem sonst makellosen Köper lustig machen wollte. Kreidet es dem Platon an, daß er Geld verlangte, dem Aristoteles, daß er es annahm, dem Demokrit, daß er sich nichts daraus machte, dem Epikur, daß er es mit vollen Händen hinauswarf; mir selbst macht mein Verhältnis zu Alcibiades und Phaedrus zum Vorwurf! Doch ihr dürftet euch gar glücklich preisen, wenn es euch nur gelänge, unsere Fehler nachzuahmen! Weshalb achtet ihr nicht lieber auf eure eigenen Gebresten, die euch überall zusetzen, indem sie bald von außen her wüten, bald in den Eingeweiden selbst wie Feuer brennen? Es ist im Menschenleben, auch wenn ihr euch noch so sehr über euren Zustand täuscht, nicht so, daß ihr Zeit genug hättet, mit eurem Mundwerk über Leute herzufallen, die euch sichtlich überlegen sind.«

Das wollt ihr nun nicht wahrhaben und schaut drein, wie es gar nicht zu eurer Lage paßt, ähnlich wie viele, die ruhig im Circus oder im Theater sitzen, während daheim schon der Tod anklopft oder anderes Unheil hereinbricht, ohne daß sie es ahnten. Ich dagegen gewahre vom hohen Blickpunkt aus die Stürme, die euch drohen, auch wenn sie etwas langsamer ihr Gewölk aufbrechen, oder auch die, welche schon nahe sind, um euch und eure Habe zu verschlingen. Und jagt nicht auch jetzt, selbst wenn ihr es nicht vollends spürt, etwas wie ein Wirbelwind eure Seelen im Kreise und macht euch wirr, daß ihr das Nämliche fliehet und haschet in einem – bald in die Höhe getragen, bald in die Tiefe geschleudert?

Von der Ruhe des Herzens (De tranquillitate animi)

Serenus an Seneca

Versuche ich, mich selbst genauer kennenzulernen, mein Seneca, so stoße ich auf mancherlei Fehler, die unverhüllt, ganz offen daliegen, so daß ich sie mit Händen greifen kann, daneben aber gewahre ich auch verborgene, die sich der Sicht entzogen haben, doch auch solche, die nicht fortwährend auftreten, sondern nur von Zeit zu Zeit wiederkehren. Diese möchte ich gerade als die unangenehmsten bezeichnen, denn mit ihnen ist es wie mit schweifenden feindlichen Haufen, die einen nur bei Gelegenheit überfallen, die aber weder eine volle Kriegsbereitschaft rechtfertigen noch einem gestatten, sich sicher zu fühlen wie im Frieden. Hauptsächlich jedoch – warum sollte ich dir wie meinem Arzte die Wahrheit verschweigen? – ertappe ich mich in dem Zustand, daß ich weder so ganz und gar frei bin von den Gegenständen meines Hasses und meiner Furcht, noch daß ich ihnen wiederum verfallen wäre. Das ist ein Zustand, der zwar nicht ganz schlimm ist, aber doch höchst beklagenswert und unangenehm: ich bin nicht krank, doch auch nicht gesund.

Nun komme mir nicht damit, daß alle Tugend im Anfang schwach sei, daß ihr erst die Zeit Festigkeit und Stärke zuwachsen lasse. Es ist mir kein Geheimnis, daß alles, bei dem es um den äußeren Glanz geht, z. B. die

Würde eines Amtes, der Ruhm des Redners und überhaupt alles, was fremden Urteilen unterworfen ist, erst ganz allmählich Kraft gewinnt. Und wo es um den echten Gehalt einer Sache geht oder auch nur um deren äußeren, auf Wirkung berechneten Aufputz, dauert es Jahre, bis endlich die Farbe hält. Doch ich muß fürchten, daß die Gewohnheit, die den Dingen Bestand verleiht, auch meine erwähnte fehlerhafte Anlage noch tiefer in mir verankert; das Gute wie das Böse wird uns durch den langen Umgang lieb und recht. Wie es sich nun mit der Schwäche des Gemüts verhält, das zwischen zwei Polen pendelt und weder dem Rechten noch dem Verkehrten entschlossen zustrebt, das kann ich dir nicht auf einmal darlegen, sondern nur Schritt für Schritt. Ich will dir sagen, wo es mich drückt; du magst dann für das Übel einen Namen finden.

Ich habe offen gestanden eine große Liebe zum Sparen; ich will nichts wissen von einem prunkvoll aufgemachten Lager, nichts von Kleidern aus dem Schmuckkasten, die mit Gewichten beschwert und mit tausend Pressen auf Hochglanz geplättet sind – ich trage lieber ein billiges Hauskleid, das ich nicht ängstlich verwahren muß und nur mit Zittern anlegen darf. Ich schätze ein Essen, das nicht ein Heer von Dienern beschafft und mit seinen Blicken begleitet, ein Essen, das man nicht viele Tage vorher bestellen und mit tausend Händen bereiten mußte, sondern eines, das man leicht erhält, das nichts Ungewöhnliches, nichts Kostbares an sich hat, das man überall bekommen kann und das weder dem Beutel noch dem Magen schwer wird und nicht von dort wieder herauskommt, wo es hineinging. Ich will einen einfachen und gewöhnlichen Sklaven zum Diener; das Silber soll grob und bäuerlich sein, so wie es mein Vater auf dem Lande hatte, ohne von einem Meister signiert zu sein, und der Tisch falle nicht auf durch seine reiche Maserung, auch sei er nicht dadurch stadtbekannt, daß sich vornehme Herren immer wieder in seinem Besitz ablösten; dem praktischen Gebrauch soll er vielmehr dienen und dabei keinen Gast zu wohlgefälligen oder neidischen Blicken verleiten.

Wiewohl ich nun dies alles billige, so läßt mich doch auch der prachtvolle Aufzug einer Schar jugendlicher Pagen nicht los, ein Gefolge von Dienern, glänzender noch als bei einer öffentlichen Festlichkeit gekleidet und mit Gold geschmückt, und dazu ein Schwarm von aufgeputzten Sklaven. Sodann ein Haus, von Kostbarkeiten strotzend, wohin man tritt, alle Winkel vollgepfropft von Reichtümern, das Dach sogar in strahlendem Glanz, und eine Masse von Anhängern, die dabeisein wollen, wenn das Erbgut dahinschwindet. Und nicht zu vergessen die bis zum Grunde spiegelklaren Bäche, die sich um die Tafel schlingen, und die Gastereien, wie sie zu solchem Schauplatz passen! Komme ich dann aus meiner gewohnten einfachen Umgebung, so umflutet mich die gleißende Pracht der Üppigkeit und umtost mich von allen Seiten; dabei wird mir wohl etwas schwindlig vor den Augen, und ich erhebe dann leichter mein Herz dagegen als meinen Blick. Ich wende mich wieder zurück, nicht schlechter, aber nicht wenig vor den Kopf gestoßen, und inmitten all dieser Fragwürdigkeiten wandle ich nicht mehr stolzen Hauptes, und im Herzen nagt mir der Zweifel, ob nicht doch etwa jenes schlichte Leben das bessere wäre; nichts davon vermag mich zu ändern, doch alles berührt mich irgendwie. Ich muß schon meinen Lehrern recht geben, die mich nachdrücklich auffordern, mich geradewegs den Staatsgeschäften zu verschreiben, Ehrenstellen und Ämter anzustreben, nicht um des Purpurs willen und wegen der Rutenbündel, sondern um meinen Freunden und Verwandten, ja der gesamten Bürgerschaft und schließlich allen Menschen besser dienen und desto mehr nützen zu können. Dann halte ich es doch wieder bereitwillig mit *Zeno, Cleanthes* und *Chrysipp*, die sämtlich vom Staatsdienst nichts wissen wollten, obgleich sie alle anderen dazu aufforderten. Hat nämlich irgend etwas mein Gemüt, das keine Schläge hinzunehmen geübt ist, aus dem Gleichgewicht gebracht, oder ist mir irgend etwas begegnet, was mir nicht liegt, wie das gar oft im Leben passiert, oder was mir nicht recht von der Hand geht, oder nehmen belanglose Dinge zuviel Zeit in Anspruch, dann wende ich mich wieder einem Leben der Muße zu; und wie das liebe Vieh rascher dem Stalle zustrebt, wenn es ermüdet ist, so ziehe ich es vor, mich wieder in meine vier Wände einzuschließen. Niemand soll mir dann einen Tag wegstehlen, kann mir doch niemand etwas geben, was eine solche Einbuße rechtfertigte. In sich selbst möge sich mein Geist vertiefen, sich selbst soll er bilden, nichts Fremdes nehme ich in Anspruch, nichts, worüber der Richter zu sprechen hat; gelobt sei mir die Ruhe, die sich weder um öffentliche noch um private Dinge zu kümmern braucht!

Wenn ich mich dann wieder an einer gehaltvollen Lektüre aufgerichtet habe und edle Vorbilder mich anspornen, so möchte ich gleich aufs Forum eilen, möchte dem einen ein fürsprechendes Wort anbieten, dem andern meinen Dienst, der, wenngleich unwirksam, doch wenigstens zu nützen sucht; oder ich möchte einem überheblichen Marktschreier, den sein Erfolg aus dem Gleichgewicht brachte, sein Mütchen dämpfen. Hinsichtlich meiner Studien glaube ich, es sei wahrlich besser, die Dinge selbst ins Auge zu fassen und ihretwegen zu sprechen, im übrigen aber die Worte den Dingen zu überlassen, daß die unvorbereitete Rede ihnen auf ihrem Wege folge. Wozu soll man Reden ausarbeiten, die Jahrhunderte überdauern? Willst du etwa verhindern, daß die Nachwelt über dich schweigt? Du bist geboren, um zu sterben, und ein stilles Leichenbegängnis kennt keine vielen Umstände. Deshalb schreibe, um Zeit zu gewinnen, nur für deinen Gebrauch, nicht um dir Lorbeeren zu holen, und verwende dabei einen schlichten, kunstlosen Stil! Wer nämlich nur für den Tag arbeitet, bedarf nur halber Mühe. –

Hat sich aber der Geist im Höhenflug der Gedanken

erhoben, dann kümmert ihn das Wort wieder mehr und er trachtet, die Sprache dem Atem der Gedanken anzugleichen; und so schwingt sich die Rede auf das Niveau ihres Gegenstandes. Ohne der Vorschrift und der beengenden Kritik zu achten, lasse ich mich in die Höhe tragen und spreche eine andere Sprache.

Ich will mich nicht im einzelnen verlieren: allüberall überkommt mich diese Schwäche, obgleich ich guten Willens bin, und ich muß fürchten, mit der Zeit ihn ganz zu verlieren, oder – was noch mehr Wirrsal schafft – wie einer, der fallen will, in der Schwebe zu hangen; und dann könnte vielleicht noch Schlimmeres geschehen, als was ich selbst zu überschauen vermag. Denn für unsre eigenen Dinge haben wir stets gütige Nachsicht, und unsere Vorliebe trübt das rechte Urteil. Viele, so glaube ich, hätten zur Weisheit gelangen können, hätten sie sich nicht schon an diesem Ziel gewähnt und hätten sie sich nicht selbst dies oder jenes vorgemacht und wären sie nicht sehenden Auges über manches hinweggegangen. Es ist ja nicht an dem, daß man eher durch die Schmeicheleien der anderen zu Fall kommt, sondern wir straucheln, indem wir uns selbst beweihräuchern.

Wer getraute sich je, sich selbst die Wahrheit zu gestehen? Wer stellt sich nicht mitten unter die Lobredner und Schmeichler, um sein eigenes Lob am lautesten zu künden?

Kennst du nun ein Mittel, um dieses mein Schwanken zu beenden, so bitte ich dich also, halte mich für würdig, dir meine Ruhe verdanken zu dürfen. Ich weiß freilich, daß dieses unruhige Schwanken des Herzens nicht gefährlich ist, daß keine Revolutionen daraus entstehen. Um dir aber den Gegenstand meiner Klage durch ein Bild klarzumachen: nicht ein Sturm ist es, der mir Unbehagen macht, sondern die Seekrankheit. Mag es sich mit diesem Leiden verhalten wie immer, befreie mich davon und eile mir zu Hilfe! Ich bin noch in Not, obgleich mein Auge schon das Land erblickt.

Seneca an Serenus

Schon lange, mein Serenus, mache ich mir im stillen darüber Gedanken, womit ich deinen Seelenzustand vergleichen könnte; dabei bietet sich mir kein besseres Beispiel an als das eines Menschen, der nach einer langen schweren Krankheit bisweilen noch von einem leichten Schütteln und geringfügigen Mißbehagen gepackt und, wenn auch diese Nachwehen der Krankheit überwunden sind, doch noch von ängstlichem Verdacht beunruhigt wird, und, schon gesundet, den Ärzten den Puls hinreicht und über jede bloße Erwärmung des Körpers schon die Stirn runzelt. Bei solchen Leuten, Serenus, ist nicht etwa der Leib noch nicht ganz gesund, sondern er ist an die Gesundheit noch nicht völlig gewöhnt, genau wie auch nach dem Abflauen eines Sturmes ein Meer oder ein See noch irgendwie nachzittert. Darum bedarfst du nicht jener stärkeren Mittel, die ich beiseite lasse, nämlich, daß du zuweilen dir selbst den Kampf ansagst, daß du dir zürnst und dir gar hart zusetzest; nein, es bedarf nur dessen, was freilich zuletzt kommt, daß du zu dir selbst Zutrauen hast, daß du dich auf dem rechten Weg wähnst, ohne dich durch die Spuren vieler anderer beirren zu lassen, die da kreuz und quer laufen, und solcher, die am rechten Weg selbst umherirren. Dein Ziel ist etwas Gewaltiges, Erhabenes, ja Göttliches: nicht erschüttert zu werden. Dieses Gleichgewicht der Seele nennen die Griechen *Euthymia*, und *Demokrit* hat ein großartiges Buch darüber geschrieben; ich nenne es die »Ruhe des Herzens«. Es ist nicht nötig, daß wir die griechischen Worte nachformen und sie in ihrer äußeren Gestalt entsprechend übersetzen; die Sache vielmehr, um die es geht, muß man durch einen Begriff wiedergeben, der genau das trifft, was im Griechischen gemeint ist; die äußere Form des Wortes spielt dabei keine Rolle.

Wie kann man es fertigbringen, daß unser Herz immer gleich ruhig schlägt, daß es mit sich selbst im Frieden ist und seinen Zustand mit Befriedigung wahrnimmt, daß es diese angenehme Stimmungslage nicht unterbricht, sondern in diesem Zustand der Gelassenheit verharrt, ohne nach oben oder nach unten auszuschwingen? Dies ist nämlich mit der Ruhe des Herzens gemeint. Wie man zu ihr gelangt, wollen wir nun ganz allgemein untersuchen, und du nimm dir von dem, was sich vor aller Augen als Mittel zum Zweck herausstellt, soviel zu willst. Es muß ja der ganze leidige

Zustand allgemein sichtbar gemacht werden, und jeder wird dann sehen, was auf ihn zutrifft. Gleichzeitig wirst du sehen, wie dein eigenes Mißbehagen über dich viel weniger unangenehm für dich ist, als es die gleiche Empfindung für solche Leute ist, die an hervorragender Stelle stehen müssen und, unter dem Joch eines großtönenden Titels keuchend, mehr aus Ehrgefühl als aus eigenem Antrieb in ihrer Verstellung beharren.

Mit allen ist es dasselbe, mit denen sowohl, die von Leichtsinn, Überdruß und ewiger Unentschlossenheit geplagt sind und denen immer das besser gefällt, was sie nicht mehr haben, wie auch mit den faulen Schlafmützen. Auch jene zählen dazu, die sich wie einer, der nicht schlafen kann, herumwälzen und sich bald so, bald anders hinlegen, bis sie endlich vor Ermattung zur Ruhe gelangen: solche Leute stellen immer wieder ihre Lebensformen um, bis sie schließlich in einer verharren, nicht weil sie etwa ein erneuter Wechsel anwidert, sondern weil das träge Alter einen solchen nicht mehr zuläßt. Aber auch jene gehören hierher, die nicht aus Charakterstärke, sondern aus Trägheit weniger unternehmend sind. Sie leben nicht, wie sie es wollten, sondern so, wie sie eben von Anfang an lebten. Zahllos sind die Spielarten dieses Fehlers, die Wirkung ist aber immer die gleiche: Unzufriedenheit mit sich selbst. Diese wird verursacht durch mangelnde Selbstbeherrschung, durch angsterregende und unzuträgliche Leidenschaften, wobei man das gar nicht unternimmt, was man eigentlich wünscht, oder es einfach nicht erreicht, so daß alles der Hoffnung anheimgegeben bleibt. Immerwährendes unentschlossenes Schwanken muß sich notwendigerweise bei denen einstellen, die zu keiner festen Lebensform finden. Nur immer ihren Wünschen hängen sie nach, machen sich unehrbare und gefährliche Dinge zu eigen und zwingen sich dazu. Bleibt aber ihre Mühe vergeblich, dann schafft ihnen die zwecklose Erniedrigung Qual, und es ärgert sie nicht etwa, daß sie das Schlechte gewollt haben, sondern daß sie es umsonst erstrebten. Nun aber packt sie die Reue über ihr ganzes Beginnen und die Furcht vor jeglichem neuen Anfang, und es beschleicht sie jenes Schwanken des Herzens, das keinen Ausweg findet, da es den Begierden weder gebieten noch gehorchen kann; es stellt sich jenes Zaudern eines Lebens ein, das nicht zur Entfaltung kommen kann, und die vereitelten Wünsche lähmen alle Kräfte des Gemüts. Das wird aber noch schlimmer, wenn sich diese Menschen aus Ärger über ihre Mißerfolge ins Nichtstun flüchten oder zu einsamen Studien. Wessen Feld das öffentliche Leben war, wer voll Tätigkeitsdrang im Leben stand, kann dies nicht ertragen, da er eben in sich selbst zuwenig Ausgleich findet. Entschwindet jener Genuß, den der Wirbel der Geschäfte gewährt, so ist es ihm unmöglich, sein Haus und die Stille seiner vier Wände zu ertragen, und sich selbst überlassen, ist er sich selbst nicht gut. Daher jener Ekel, jene Unzufriedenheit mit sich, jenes Schwanken eines überall haltlosen Geistes, der mit seiner freien Zeit nicht zurechtkommt. Schämt man sich dann noch, die Ursachen dieses Zustandes zu gestehen, und foltert einen noch das Ehrgefühl, dann würgen sich gleichsam die in einem engen, ausweglosen Kerker eingesperrten Leidenschaften selbst ab. Daher dann das Mißbehagen, das Dahinwelken, das endlose Schwanken eines unentschlossenen Herzens, das nur noch von vagen Hoffnungen lebt und in Trauer versinkt, wenn sie sich nicht erfüllen. Daher jene Erscheinung, daß Menschen ihre Muße verwünschen und klagen, daß sie nichts zu tun haben, daher auch der verzehrende Neid, wenn andere hochkommen. Denn das unselige Nichtstun nährt die Mißgunst, und man will, daß es mit allen abwärts gehe, da man sich selbst nicht zu erheben vermochte. Und in diesem Widerwillen gegenüber den Fortschritten der anderen und in der Verzweiflung über den eigenen Mißerfolg fängt man an, dem Schicksal zu zürnen; man macht die böse Welt dafür verantwortlich, zieht sich in den Schmollwinkel zurück und macht sich, unzufrieden und mißgestimmt über sich selbst, endlos darüber Gedanken, weshalb man denn so zu büßen habe. Denn unsere Seele ist von Natur aus eigentlich vom Drang zur Tätigkeit erfüllt; jeder Anlaß, sich zu regen und sich von sich selbst abzuziehen, ist ihr willkommen, besonders bei kleinen Geistern, die sich gern in geschäftiger Wichtigtuerei aufreiben. Wie manche Geschwüre das Betasten und das Kratzen verlangen und wie die scheußliche Krätze jede Reizung liebt, so sind gewissermaßen für solche Menschen, in welchen die Begierden wie böse Geschwüre aufgebrochen sind, Anstrengungen und quälerische Unruhe geradezu ein Genuß. Es gibt eben Dinge, die auch unserem Körper eine Art von qualvollem Genuß bereiten, z. B. sich auf die andere, noch nicht ermüdete Seite zu wenden und bald diese, bald jene Stellung einzunehmen. So neigt sich *Achill* bei *Homer* bald nach vorne, bald nach hinten und wechselt so seine Lage, wie es für einen Kranken bezeichnend ist, nichts lange auszuhalten und jeglichen Wechsel als Arznei zu betrachten. So begibt man sich ziellos auf Reisen, streift wie auf Irrwegen die Meeresküsten entlang, und das schwankende Herz, allem Gegenwärtigen abhold, probiert es bald zu Wasser, bald zu Lande. »Auf nach Kampanien!« und schon ist diese wundervolle Gegend in Ungnade. »In einen wilden Landstrich, zum bruttischen und lukanischen Waldgebirge laßt uns ziehen! Es wird doch auch in der Wildnis etwas Freundliches geben, woran das verwöhnte Auge sich vom Anblicke so unwirtlicher Gegenden wieder erholen kann!« Dann ist Tarent das Ziel mit seinem vielgerühmten Hafen, der Winteraufenthalt mit dem milden Klima, ein Platz, reich genug sogar für seine einst so zahlreiche Bevölkerung. »Doch nun wieder zurück nach Rom! Allzulange entbehrte das Ohr schon des Lärms im Theater und des Dröhnens der Stadt; auch gelüstet es einen wieder einmal nach Menschenblut!« – So macht man sich auf eine Reise nach der anderen, und ein Schauspiel folgt dem anderen, wie schon *Lucretius* sagt: »So flieht denn ein jeder immerfort vor sich selbst.« Doch was nützt dies, wenn er sich nicht wirklich entkommt? Er ist ja sein eigener Verfolger und folgt sich selbst als übler Begleiter auf dem Fuß, d. h. nicht der jeweilige Aufenthaltsort macht uns Beschwer, sondern wir selbst. Es fehlt uns an Energie, um irgend etwas zu ertragen; für längere Zeit halten wir es weder bei anstrengender Arbeit noch beim Vergnügen aus, und unsere eigene Welt geht uns gleichermaßen auf die Nerven wie die fremde. Schon manche hat es in den Tod getrieben, daß sie oft ihre Vorsätze umstießen und doch wieder auf sie zurückkamen, ohne dem Neuen Raum zu geben: das Leben, ja die ganze Welt wurde ihnen so zum Ekel, und da verfielen sie jener so zersetzenden Genußsucht, und ihre Losung hieß: »Wozu denn immer das gleiche?«

Nun willst du wissen, wie man nach meiner Ansicht solchem Lebensüberdruß beikommen könnte. Am besten wäre es, sich mit etwas zu beschäftigen, und zwar sich mit Staatsangelegenheiten und mit den Pflichten des Staatsbürgers zu befassen. Denn wie manche in der Sonnenglut, in der Übung und Pflege des Körpers den Tag verbringen, und wie es für Athleten am zuträglichsten ist, ihre Arme und ihre Stärke, der sie sich einzig verschrieben haben, die meiste Zeit noch zu steigern, so ist es auch für uns, die wir uns auf den Kampf des öffentlichen Lebens vorbereiten, weitaus am besten, in fortgesetzter Tätigkeit zu verharren. Hat man sich nämlich einmal vorgenommen, dem Nutzen seiner Mitbürger und der Menschheit überhaupt zu dienen, so bedeutet es Übung und Fortschritt in einem, wenn man sich mitten in die Geschäfte stürzt und öffentliche und private Aufgaben nach Kräften wahrnimmt. Nun sagt aber *Athenodorus* weiter: Weil bei dem wahnwitzigen Ehrgeiz der Menschen und angesichts des Treibens so vieler Verleumder, die das Rechte ins Falsche verdrehen, die schlichte Ehrlichkeit wenig Sicherheit bietet und allerwege mehr Hindernisse sich bemerkbar machen als fördernde Hilfe, deshalb ist es geraten, sich vom Staatsdienst und vom Dienst an der Öffentlichkeit zurückzuziehen. Aber eine große Seele hat auch im privaten Leben die Möglichkeit zu freier Entfaltung. Bei Menschen, die in der Zurückgezogenheit am bedeutsamsten zu wirken vermögen, ist es ja nicht so wie bei den Löwen und bei anderen Tieren, deren Tatendrang im Käfig abstirbt. Dieser Drang zur Entfaltung darf sich freilich nur so weit zurückziehen, daß er auch in jeglichem ruhigen Versteck bereit ist, dem einzelnen wie der Gesamtheit kraft seiner Begabung durch Wort und Rat beizustehen. Denn nicht der allein leistet etwas für den Staat, der Kandidaten für die Staatsmänner bekannt macht oder der Angeklagte in seinen Schutz nimmt und sich an der Abstimmung über Krieg oder Frieden beteiligt, sondern auch wer mit seinem Wort die Herzen der Jugend erreicht, wer angesichts des großen Mangels an brauchbaren Lehrern den Balsam der Tugend in die Herzen träufelt, wer die hemmunglos dem Gelde und dem Wohlleben Verfallenen am Arm nimmt, sie zurückhält oder wenigstens ihr Treiben abbremst – auch er handelt im Dienst der Öffentlichkeit selbst als Privatmann. Oder leistet derjenige mehr, der unter Fremden und Bürgern oder als Prätor der Stadt den streitenden Parteien Recht spricht, als derjenige, der einem die Begriffe Gerechtigkeit, Frömmigkeit, Geduld und Charakterfestigkeit nahebringt und einen vom Nutzen und der Erhabenheit der Todesverachtung, der Gotteserkenntnis und vollends des guten Gewissens überzeugt? Verwendest du also die Zeit, die du den Staatsgeschäften entzogen, auf solche Aufgaben, dann hast du dich wohl nicht pflichtvergessen um ein Amt gedrückt. Denn nicht nur der Frontsoldat, der den rechten oder linken Flügel deckt, leistet Kriegsdienst, sondern auch der Wachtposten am Tor oder der Mann auf einem zwar weniger gefährlichen, jedoch wichtigen Posten, etwa der, dem der Schutz und die Verwaltung des Zeughauses obliegt; freilich handelt es sich hier um Aufgaben, die kein Blutvergießen verursachen, aber sie gehören eben doch zum Kriegsdienst. Ziehst du dich zu geistiger Tätigkeit zurück, so wirst du allem Lebensüberdruß entkommen und wirst nicht vor lauter Ekel am Licht des Tages die Nacht herbeisehnen; weder dir selbst wirst du zur Last werden noch für andere überflüssig sein. Viele Freunde wirst du so gewinnen, und gerade die Tüchtigsten werden sich um dich reißen. Denn die

Tugend, mag sie auch in der Dunkelheit sich bewähren, bleibt niemals im Dunkeln verborgen; sie sendet ihre Leuchtzeichen aus, und wer ihrer würdig ist, findet ihre Spur. Verzichten wir freilich auf jeglichen Umgang, sagen wir uns von den Menschen los und leben wir nur noch für uns selbst, dann schleicht sich in diese jedem zielvollen Streben abgewandte Einsamkeit die Verlegenheit, was man denn überhaupt tun soll. Dann fangen wir an, hier zu bauen, dort abzubrechen, das Meer abzudrängen und trotz aller Geländeschwierigkeiten Wasserläufe anzulegen und so mit der Zeit, die uns die Natur zugemessen, schlecht zu wirtschaften. Einmal geizen wir damit, ein andermal werfen wir sie weg; einmal gehen wir so mit ihr um, daß wir es verantworten können, dann wieder so, daß uns – wie schmählich! – alles unter den Fingern zerrinnt. Oft kann ein hochbetagter Greis seine lange Lebenszeit nur durch die Zahl seiner Jahre bezeugen.

Mir, mein leber Serenus, will scheinen, als habe sich *Athenodorus* den Zeitumständen allzu leicht gebeugt und sich zu schnell zurückgezogen. Natürlich muß man zuweilen zurückweichen, aber doch nur behutsamen Schrittes und so, daß man Fahne und Soldatenehre noch rettet. Kommst du nämlich bewaffnet zur Unterhandlung mit dem Feinde, dann hast du einen besseren Stand und genießt höhere Achtung. So, meine ich, muß es auch die Tugend halten und jeder, der sie gewinnen will. Ist aber das Schicksal übermächtig und beschneidet es nur die Möglichkeit zu handeln, so darf man nicht gleich die Waffen wegwerfen und Reißaus nehmen, um sich irgendwo zu verstecken, als gäbe es einen Ort, der vor dem Zugriff des Schicksals sicher wäre; man soll sich dann vielmehr weniger mit Geschäften befassen, und trifft man erst einmal die rechte Auswahl, so wird sich eine Tätigkeit finden, durch die man sich dem Staate nützlich erweisen kann. Ist einem der Kriegsdienst verwehrt, so bemühe er sich um Ehrenämter; soll er als Privatmann sein Leben verbringen, dann versuche er sich als Redner; ist's ihm auferlegt zu schweigen, so schenke er seinen Beistand in aller Stille seinen Mitbürgern; ist ihm der Boden des Forums zu heiß, dann zeige er sich in den Häusern, in Theatern und bei Gastmählern als guter Kamerad, als treuer Freund und Zechgenosse, der Maß zu halten weiß; ist ihm das Wirken unter den Mitbürgern versagt, so wirke er unter den Menschen! Deshalb haben wir uns ja, weitherzig wie wir sind, nicht in Mauern eingeschlossen, sondern haben uns aufgemacht, um mit dem ganzen Erdkreis in Beziehung zu treten, und haben die ganze Welt zu unserem Vaterland erklärt, um der Tugend ein größeres Feld zu erschließen. Gesetzt, es ist dir das Richteramt verwehrt und es ist dir die Rednerbühne und die Wahlversammlung versperrt: blicke hinter dich und sieh, wie weite Gebiete dir offenliegen, welche Zahl von Völkern! Davon wird dir stets mehr zur Verfügung bleiben, als dir verschlossen ist. Doch achte, daß dies nicht in vollem Umfang dein eigener Fehler sei! Da willst du etwa nicht anders denn als Konsul*, als Prytane, als Keryx oder als Sufet für den Staat arbeiten: und wenn du nun dich weigertest in den Krieg zu ziehen, es sei denn als Feldherr oder höchster Befehlshaber? Auch wenn andere im ersten Glied stehen und wenn das Schicksal dich in die dritte Reihe stellte, so sollst du doch deine Pflicht tun, sei es mit ermunternden Worten, durch Beispiel oder vermittels deiner Gesinnung. Auch wenn ihm die Hände abgehauen sind, weiß ein Held den Seinen noch im Kampfe zu nützen**, bleibt er nur stehen und stellt im Kampfgeschrei seinen Mann. So handle auch du. Verdrängt dich das Schicksal von der ersten Stelle im Staate, so bleib an deinem Platze und erhebe deine Stimme, und drückt man dir die Kehle zu, dann bleib nochmals und tu das Deine, indem du schweigst. Was ein rechter Bürger auch tut, nie ist es verlorene Mühe: sieht und hört man ihn nur, so verbreitet er schon Nutzen durch seine Miene, seinen Wink, durch wortlosen Widerstand, ja selbst durch die Art, wie er schreitet. Wie manches Heilkraut allein durch seinen Geruch zur Heilung beiträgt, ohne daß man es berührt oder kostet, so wirkt auch die Tugend schon aus der Ferne fördernd, ohne daß man sie gewahrt. Mag sie frei einhergehen und sich ungehindert entfalten, mag sie nur geduldetermaßen sich scheu bewegen und die

* Konsul – Prytane – Keryx – Sufet sind Bezeichnungen für hohe Staatsmänner in Rom, Athen und Karthago.

** Bei Marathon hatte ein Athener ein feindliches Schiff mit beiden Händen festgehalten, um es an der Flucht zu hindern; als man ihm die Hände abhieb, hielt er es mit den Zähnen fest.

Segel zu streichen gezwungen sein, mag sie taten- und wortlos von Widerständen beengt sein oder auch ein freies Wirkungsfeld vor sich haben, – in jeglicher Lage wirkt sie hilfreich. Oder hältst du weniger vom Beispiel einer ehrenvollen Ruhe? Das weitaus Beste wäre es also, beides, Tätigkeit und Ruhe, abwechseln zu lassen, wenn je das tätige Leben durch zufällige Hindernisse oder durch den Zustand des Staates beeinträchtigt wird. Denn nie ist ja alles so völlig abgeschnitten, daß für edles Handeln keine Möglichkeit mehr bestünde.

Kann man ein elenderes Gemeinwesen finden, als es die Stadt Athen damals war, als die dreißig Tyrannen sie zu zerreißen drohten? Dreizehnhundert Bürger, und zwar gerade die besten, waren ihnen schon zum Opfer gefallen, und noch machten sie kein Ende, sondern ihre Grausamkeit überschlug sich geradezu. Und in diesem Staatswesen, wo es einen Areopag gab, jenen besonders auf Gerechtigkeit bedachten Gerichtshof, wo es einen Senat gab und ein Volk, das dem Senat nicht nachstand, hier fand sich täglich jenes schändliche Kollegium von Henkern zusammen, und der unselige Gerichtssaal konnte die Tyrannen nicht fassen. Konnte ein Staat zur Ruhe kommen, wo es der Tyrannen so viele gab, wie Trabanten gezählt wurden? Nicht ein Schimmer von Hoffnung auf die Wiedergewinnung der Freiheit zeigte sich den Athenern, und gegenüber einer solchen Übermacht des Bösen gab es keine Aussicht auf eine Änderung der Verhältnisse; denn woher sollten dem gepeinigten Staatswesen so zahlreiche Tyrannenmörder erstehen? Und dennoch lebte inmitten dieser Hölle ein Sokrates, der die trauernden Väter tröstete und diejenigen aufrichtete, die an der Republik verzweifeln wollten, der den um ihren Besitz bangenden Reichen ihre allzu späte Reue über ihre gefährliche Raffgier zum Vorwurf machte, Sokrates, der allen, die guten Willens waren, ein erhabenes Beispiel vorlebte, indem er es fertigbrachte, sich vor den Augen der dreißig Gewaltherrscher als freier Mann zu bewegen. Und doch war es das gleiche Athen, das diesen Mann im Kerker töten ließ; und die Freiheit dessen, der der ganzen Tyrannenclique seine Verachtung gezeigt hatte, ohne daß ihm ein Haar gekrümmt ward – sie war für die Freiheit nicht tragbar. Hieraus ersieht man doch, wie auch in üblen Zeiten ein Weiser Gelegenheit findet, sich hervorzutun, wie aber in guten und glücklichen Zeiten ein Staat vom Geld, vom Neid und von tausend anderen üblen Dingen ohne Waffengewalt beherrscht wird. Entsprechend dem Zustand des Staates und nach dem Walten des Schicksals werden wir unser Wirken entfalten oder einschränken; jedenfalls aber werden wir uns rühren und nicht vor lauter Furcht die Hände in den Schoß legen. Der ist ein rechter Mann, der dann, wenn ihn Gefahren umdrohen, wenn Waffen und Ketten klirren, mit seiner Tugend nicht etwa am Ende ist und sich gar verbirgt. Denn sich unsichtbar machen bedeutet nicht sich erhalten. *Curius Dentatus* war es wohl, der bekannte, er wolle lieber wirklich tot sein denn wie ein

Toter leben. Und es ist ja auch das äußerste Übel, schon vor dem körperlichen Hinsterben aus der Zahl der Lebenden zu scheiden. Ist man freilich in eine Epoche geraten, wo im Staat nicht viel zu tun ist, dann bleibt einem nur die gesteigerte Hingabe an die Muße und an die Wissenschaften, nicht anders, als wie man sich bei einer gefahrvollen Seefahrt rechtzeitig nach einem Hafen umsehen muß und nicht zuwarten darf, bis man zum Spielball der Ereignisse wird, statt daß man sich die Handlungsfreiheit bewahrt.

Zuvörderst aber müssen wir auf uns selbst bedacht sein, dann auf die Aufgaben, an die wir herantreten, und schließlich auf die, für die oder mit denen wir zu tun haben. Vor allem aber müssen wir über uns selbst ein rechtes Urteil gewinnen, da wir im allgemeinen uns mehr zumuten, als wir tatsächlich zu leisten vermögen. Der eine hält sich für einen Redner und strauchelt dabei, der andere täuscht sich darüber, was er mit seinem Vermögen alles anfangen kann, ein dritter schadet seinem schwachen Körper durch Anstrengungen, denen er nicht gewachsen ist. Manche sind ob ihrer Schüchternheit für öffentliche Geschäfte untauglich, für die man doch eine eiserne Stirn haben muß. Anderen liegt das Leben am Hofe nicht wegen ihres unbeugsamen Charakters. Manche haben den Zorn nicht in ihrer Gewalt, und der kleinste Unwille reißt sie zu unbesonnenen Äußerungen hin. Dann gibt es wieder welche, die ihren Witz nicht in Grenzen zu halten vermögen und stets gefährlichen Spott auf der Zunge haben. Für alle diese Charaktere eignet sich die Ruhe besser als ein geschäftiges Leben; denn eine aufbrausende, ungeduldige Natur muß sich den Lockungen einer Freiheit, die sich schädlich auswirken kann, versagen.

Und dann muß man das Ziel, das man sich steckt, richtig beurteilen und muß seine Kräfte mit dem vergleichen, woran man sich wagen will. Denn stets muß die bewegende Kraft größer sein als die Last; ist es umgekehrt, so kommt man zu Fall. Außerdem sind gewisse Unternehmungen weniger groß als folgenreich, indem sie wieder andere Geschäfte nach sich ziehen; auf so etwas soll man sich nicht einlassen, woraus neue, vervielfachte Inanspruchnahme entsteht. Auch darf man nichts in Angriff nehmen, wovon man nicht frei wieder abstehen kann. Nur dort soll man zupacken, wo man zu einem Ende kommen kann oder wenigstens darauf hoffen darf. Aber die Finger weg von allen Dingen, die sich während der Arbeit uferlos ausdehnen und ihr bestimmtes Ende nicht erreichen wollen!

Unter allen Umständen aber muß man unter den Menschen eine Auslese treffen, und man muß prüfen, ob sie es verdienen, daß wir ihnen einen Teil unseres Lebens aufopfern, und ob sich der Verlust unserer Zeit in ihrem Interesse auch wirklich lohnt. Denn manche möchten sich gar noch dafür bezahlen lassen daß wir ihnen Dienste erweisen. *Athenodorus* sagt, er gehe nicht einmal zu Tische bei einem, der sich keine Ehre daraus mache. Ich denke, du verstehst nun, daß er noch weniger zu solchen gegangen wäre, die eine Einladung an ihren Tisch einem Freundschaftsdienst gleichsetzen und ihre Brosamen als hochherzige Spende in Rechnung stellen, als bedeute ihr Prassen für die anderen eine Ehre. Nimm ihnen Zeugen und Zuschauer weg, und ihre Küche wird ihnen keinen Spaß mehr machen, da niemand ihrer achtet. Auch mußt du erwägen, ob dich die Natur mehr für das Geschäftsleben oder für eine geistige Tätigkeit und ruhige Besinnlichkeit ausgestattet hat; dein Platz ist dort, wohin dich das Schwergewicht deiner Begabung zieht. *Isocrates* zum Beispiel führte den *Ephorus* mit aller Gewalt von der Rednerbühne weg, da er ihn für geeigneter hielt, als Geschichtsschreiber zu wirken. Mit erzwungener Betätigung macht man nämlich keine guten Erfahrungen; wenn die natürliche Begabung fehlt, ist jegliche Mühe verschwendet.

Aber nichts bedeutet für den Geist eine solche Erquikkung wie eine treue, herzliche Freundschaft. Welch ein Segen ist es doch, über Herzen verfügen zu können, in denen jedes Geheimnis sicher geborgen bleibt, deren Mitwisserschaft du weniger fürchten mußt als deine eigene, Freunde, deren Wort deinen Kummer lindert, deren Meinung dir Rat schafft, deren Heiterkeit deine

Trauer verscheucht und deren Anblick allein dir schon Freude bereitet! Natürlich werden wir dazu nur Charaktere auswählen, die möglichst von Leidenschaften frei sind. Denn das Laster schleicht und springt den Nächstbesten an, und die bloße Berührung bringt schon Schaden. Wie man deshalb während einer Epidemie darauf achten muß, daß man sich nicht zu Leuten setzt, die schon vom Wüten der Krankheit befallen sind – denn das wäre gefährlich, da schon der Hauch des Atems Ansteckung bedeutet –, so müssen wir bei der Auswahl unserer Freunde alles aufbieten, um charakterlich möglichst unverdorbene zu gewinnen. Denn wo Gesundes mit Krankem sich berührt, da fängt die Krankheit an. Doch soll das nicht heißen, daß du nur einem Weisen nachgehen und ihn an dich fesseln dürftest. Denn wo wirst du den finden, nach dem wir schon so viele Jahrhunderte suchen? So muß der am wenigsten Schlechte des Besten Platz einnehmen! Du hättest wohl nicht viel Glück mit deiner Wahl, wolltest du unter Leuten wie *Platon* und *Xenophon* und unter dem Nachwuchs der sokratischen Schule die Besten suchen, oder wenn dir *Catos* Zeitalter angeboten würde, das eine so große Zahl von Menschen hervorbrachte, die es verdienten, eines *Cato* Zeitgenossen zu sein; freilich lebten damals auch viele Schlechtere als jemals, Verbrecher größten Stils! Es bedurfte offenbar des Vorhandenseins der Guten wie der Schlechten, daß man Cato begreifen konnte: der Guten, daß er ihren Beifall finden, der Schlechten, daß er sich ihnen gegenüber bewähren konnte. – Heute aber, da es der Guten so wenig gibt, wird man besser nicht so wählerisch sein. Vor allem halte man sich den Griesgram vom Leibe, der über alles und jegliches seufzt und Anlaß zur Klage findet! Mag er ein treuer und wohlwollender Mensch sein, er ist doch ein Feind unserer inneren Ruhe, dieser Gefährte, der selbst in Unruhe ist und nur von der Klage lebt.

Nun aber zum Problem des Besitzes, der häufigsten Quelle menschlichen Unbehagens! Denn wenn man alle unsere sonstigen Ängste – Tod, Krankheit, Furcht, Verlangen, Schmerzen und Mühen – mit den Nöten vergleicht, die uns das Geld verursacht, so werden diese weitaus überwiegen. Daher muß man stets bedenken, daß der Schmerz der Besitzlosigkeit viel geringer ist als der Schmerz des Verlustes; es wird uns klar werden, daß die Armut um so weniger Qual verursacht, je weniger sie zu verlieren hat. Es ist nämlich ein Irrtum, zu glauben, reiche Leute könnten Verluste mit mehr Fassung hinnehmen: eine Wunde tut immer gleich weh, ob sie einem großen oder einem kleinen Körper geschlagen wird. Bion sagt gar fein, es sei für einen Kahlkopf so schmerzhaft wie für einen Reichbehaarten, wenn man ihm Haare auszupfe. Das gleiche gilt von den Armen und von den Reichen: nichts unterscheidet ihre Qual, denn beide hängen an ihrem Geld und können nicht ohne Schmerz davon lassen. Aber, wie gesagt, erträglicher ist es, etwas erst gar nicht zu bekommen, als es hergeben zu müssen; deshalb sind ja auch diejenigen froher, bei denen das Glück nie eingekehrt ist, als diejenigen, denen es Lebewohl sagte. Das war zum Beispiel dem *Diogenes*, diesem großen Geist, vollkommen klar, und er sorgte deshalb dafür, daß ihm nichts genommen werden konnte. Nenne diesen sorglosen Zustand ruhig Armut, Bedürftigkeit, Spärlichkeit, oder bezeichne ihn so schäbig, wie du willst: ich werde einen Mann wie Diogenes erst dann nicht für glücklich halten, wenn du mir einen anderen findest, der nichts verlieren kann. Irre ich nicht, so ist es ein königliches Gefühl, inmitten von Geizhälsen, Betrügern, Räubern und Dieben der einzige zu sein, an den kein Schaden heran kann. Zweifelt jemand am Glück des Diogenes, so kann er auch hinsichtlich des Zustands der Götter seine Bedenken haben: ob sie etwa nicht ganz glücklich sind, da sie weder Landgüter noch Gärten besitzen, auch kein einträgliches Pachtland und kein hochverzinsliches Bankguthaben. Wer du auch bist, schämst du dich nicht, vor dem Reichtum in die Knie zu sinken? Sieh doch ins Weltall hinein: ohne Habe wirst du die Götter gewahren, die alles geben und nichts ihr eigen nennen! Hältst du den für arm, oder für göttergleich, der jedem zufälligen Besitz entsagte? Ist für dich *Demetrius*, der Freigelassene des *Pompejus*, deshalb glücklicher, weil er es fertigbrachte, den Pompeius an Reichtum zu übertreffen? Täglich wurde ihm – wie einem Feldherrn über die Zahl seiner Leute – über die Zahl seiner

Sklaven Meldung erstattet, ihm, dem schon zwei Untersklaven und ein etwas geräumigeres Dienstbotenzimmer hätten genug sein sollen. Dem Diogenes aber lief sein einziger Sklave davon, und als man ihm den Ausreißer zeigte, hielt er es nicht für wert, ihn zurückzuholen. »Schlimm wäre es«, so sprach er, »wenn *Manes* ohne den Diogenes leben könnte, Diogenes aber nicht ohne den *Manes*.« Das hieß, so scheint mir: »Walte nach Belieben, Schicksal! Bei Diogenes hast du nichts mehr zu suchen; mein Sklave ist dahin, und ich bin auf diese Weise frei geworden.« Denn das Gesinde braucht Kleidung und Nahrung, und man muß eine Unzahl von Bäuchen so gefräßiger Wesen vollstopfen, muß ihnen etwas zum Anziehen kaufen, auf ihre langen Finger achten und ihr Heulen und Schimpfen mit anhören, wenn man von ihnen einen Dienst verlangt. Wieviel glücklicher ist doch der, der sich bei niemandem bedanken muß außer bei sich selbst, wo er gerne darauf verzichten kann! Doch da wir nun einmal nicht über solche Kraft verfügen, so sollten wir wenigstens unsere Habe verkleinern, damit uns Schicksalsschläge weniger zusetzen können. Im Kampf ist ja auch ein Körper, der gut in seine Rüstung paßt, im Vorteil gegenüber einem solchen, der aus ihr hervorquillt und den sein Umfang allenthalben der Verwundung preisgibt. Am günstigsten ist die Vermögenslage, die einen nicht gerade der Armut verfallen läßt, die einem aber ganz in deren Nähe einen Platz zuweist.

Dieses bescheidene Maß wird uns gefallen, wenn wir es schon zuvor mit der Sparsamkeit gehalten haben, ohne die kein Reichtum zureicht und befriedigt, zumal da das Mittel zur Hand ist, ich meine die Genügsamkeit, auf Grund deren jegliche Armut sich zu Reichtum wandeln kann. Gewöhnen wir uns doch daran, alles aufwendige Prunken abzulehnen und statt dessen die Dinge nach ihrer Zweckmäßigkeit, nicht nach ihrem äußeren Glanz zu beurteilen! Die Speise diene dazu, den Hunger zu verscheuchen, der Trank stille den Durst, der Sinnenlust sei zugestanden, was ihr gebührt! Lernen wir doch, unsere Glieder kräftig zu regen, Kleidung und Nahrung nicht nach der neuesten Mode, sondern nach der Art unserer Vorfahren einzurichten! Lernen wir fortzuschreiten in der Enthaltsamkeit, dem Luxus aber Zügel anzulegen und den Ehrgeiz zu bändigen, den Jähzorn zu beherrschen, die Armut gleichgültig zu betrachten, die Mäßigkeit recht zu schätzen (auch wenn sie bei vielen nicht hoch im Kurs steht), ferner die natürlichen Bedürfnisse auf billige Weise zu befriedigen und schließlich übertriebene Hoffnungen und den in die Zukunft schweifenden Geist gewissermaßen an die Kette zu legen und dafür zu sorgen, daß wir Reichtum mehr durch uns selbst als durch das Glück zu bekommen suchen! Nie läßt sich die Wandelbarkeit des Glücks so ausschalten, daß nicht viele Stürme auf die großen Segel prallen, die wir etwa ausspannen. Bieten wir doch dem Schicksal eine möglichst geringe Angriffsfläche, damit seine Geschosse ins Leere gehen! So haben schon zuweilen Verbannung und Unglück Segen gestiftet, und kleinere Unannehmlichkeiten haben schon größere verhindert. Hat jemand kein Ohr für gute Lehren und läßt er sich auf gelindere Art nicht heilen, warum sollte es dann für ihn nicht heilsam sein, durch Armut, Schande und Vermögensverlust kuriert zu werden? Ein Übel läßt sich nur durch ein anderes vertreiben. Drum wollen wir uns daran gewöhnen, ohne große Gesellschaft zu speisen, uns von nur wenigen Sklaven bedienen zu lassen, Kleider nur zu dem Zweck anzuschaffen, für den sie erfunden sind, und anspruchsloser zu wohnen. Nicht nur beim Wettlauf und beim Spiel im Circus, sondern auch auf der Bahn unseres Lebens müssen wir möglichst nach der Innenseite einschwenken. Sogar das gewiß edle Bemühen um geistige Dinge hat nur so lange einen Sinn, wie man das richtige Maß walten läßt. Wozu die zahllosen Bücher und ganze Bibliotheken, deren Titelverzeichnisse ihre Besitzer kaum einmal in ihrem ganzen Leben durchlesen? Ein solcher Wust macht dem Lernenden nur Beschwer und fördert ihn nicht. Viel besser ist es, sich mit weniger Schriftstellern eingehend zu befassen, statt viele nur oberflächlich und ungenau kennenzulernen. Vierhunderttausend Bücher waren zu Alexandria ein Raub der Flammen. Als ein ausgezeichnetes Denkmal königlichen Reichtums mag das einer preisen, so etwa Livius, der das Werk eines königlichen Geschmacks und eines königlichen Verantwortungsgefühls darin sah; doch das hatte mit Geschmack und Verantwortung nichts zu tun, das war nur gelehrtes Prunken, ja nicht einmal dies, denn von Gelehrsamkeit war dabei keine Rede, sondern nur von Angeberei, so wie viele, die kaum das geistige Niveau eines Schulanfängers besitzen, Bücher nicht als wissenschaftliche Hilfsmittel, sondern als Schmuck ihrer Speisesäle betrachten. Deshalb Bücher nur, soviel man unbedingt braucht, und keines, um damit zu prunken! Du meinst, anständiger sei noch ein solcher Aufwand, als sein Geld an korinthische Gefäße und Gemälde zu verschwenden. Was zuviel ist, ist aber stets vom Übel! Findet sich denn für einen Menschen noch eine Entschuldigung, der Jagd macht auf Schränke von Zedernholz und Elfenbein, der die Gesamtausgaben unbekannter und anrüchiger Autoren zusammenrafft und inmitten von so vielen tausend Büchern teilnahmslos gähnt, dem es nur um die Einbände und Titel seiner Bücher geht? So kann man gerade bei den größten Dummköpfen alle Redner und Historiker finden und Bücherschränke, die bis zur Decke reichen. Denn schon verlangt man in Badstuben und Thermen eine Bibliothek als einen unumgänglich notwendigen Schmuck des Hauses. Man könnte sich damit abfinden, wenn ein übersteigertes Bedürfnis nach geistiger Kost dahintersteckte; aber diese auserlesenen, mit den Verfasserporträts versehenen Werke erlauchter Geister werden ja nur angeschafft, um etwas vorzutäuschen und als Wandschmuck zu dienen.

Gesetzt nun den Fall, du seist in irgendeine schwierige Lebenssituation geraten und unversehens habe dir das Schicksal im öffentlichen oder privaten Bereich eine Fußangel gelegt, die du weder lösen noch mit Gewalt zerreißen kannst, so bedenke, daß Gefesselte die lästige Behinderung ihrer Füße zunächst nur schwer ertragen; hernach aber, sobald sie sich vorgenommen haben, darüber nicht erbost zu sein, sondern ihr Geschick eben hinzunehmen, lehrt sie die Not, ihre Fesseln mutig zu tragen, und die Gewohnheit macht es ihnen schließlich sogar leicht.

In jeder Lebensform wirst du auf Angenehmes stoßen, wirst erholsame und vergnügliche Stunden erleben, sofern du nur willens bist, dein Leben beneidenswert zu gestalten, anstatt es für unglücklich zu halten. Es ist das größte Verdienst, das sich die Natur um uns erworben hat, daß sie in klarer Erkenntnis des Elends, in das wir hineingeboren wurden, für uns die Gewohnheit als Arznei erfand, die uns schnell mit dem härtesten Schicksal befreundet.

Niemand hielte stand, würde ein Unglück in der gleichen Stärke andauern wie beim ersten Schlag. Wir alle sind an das Schicksal gekettet; was tut's, daß des einen Kette von Gold ist und schlaff an ihm hängt, während den anderen eine rostige eng umschließt?

Alle sitzen sie im gleichen Gefängnis und mit ihnen sogar diejenigen, die ihnen die Fesseln angelegt haben; oder drückt etwa die Fessel weniger, die der Wachsoldat an der Linken trägt*? Den einen fesseln Ehrenstellen, den anderen der Reichtum; wieder andere seufzen unter der Last ihrer hohen oder ihrer niederen Geburt; manchen macht die fremde Herrschaft über ihrem Haupt Beschwer, manchen auch ihre eigene. Die einen kettet die Verbannung an ein und denselben Ort, andere ihr Priesteramt. Das ganze Leben ist eben ein Knechtsdienst. Deshalb soll man sich mit seiner Lage abfinden und möglichst wenig darüber klagen; und was sie Angenehmes mit sich bringt, das soll man festhalten. Nichts ist so bitter, daß ein ausgeglichenes Gemüt keinen Trost fände. Ein schmaler Streifen Land bot schon oft vielen einen Lebensraum, wenn er geschickt aufgeteilt wurde, und die Kunst der Einteilung machte schon manchen Fußbreit Land bewohnbar. Stelle die Schwierigkeiten mit in Rechnung; dann läßt sich auch das Harte aufweichen und das Enge ausweiten, Schweres aber wirkt weniger niederdrückend, wenn man es mit Überlegung trägt. Daneben darf man die Zügel der Leidenschaften nie lockern, höchstens bis in die unmittelbare Nähe darf man sie hinaustreten lassen; ganz zurückhalten kann man sie ja nie. Das Unmögliche aber, und was nur unter Schwierigkeiten zu erreichen ist, das sollen wir aufgeben; halten wir uns doch an das Nahe, was noch im Bereich unseres Hoffens liegt! Bedenken wir auch, daß alles gleich belanglos ist, daß es nach außen zwar verschiedene

* Der Wachsoldat trägt die Kette, mit der der Gefangene an ihn geschlossen ist, an der linken Hand.

Gestalt zeigt, innerlich aber gleich wertlos ist! Man soll auch Höherstehende nicht beneiden; denn was sich hochragend ansieht, dem droht auch ein jäher Absturz. Jene aber, die ein unfreundliches Schicksal an einen gefahrvollen Platz stellte, werden sich sicherer fühlen, wenn sie in ihren an sich stolzen Verhältnissen allen Hochmut ablegen und ihre Stellung möglichst so weit herabdrücken, daß sie sich nicht über andere erheben. Freilich gibt es viele, die notgedrungen in ihrer hohen Stellung ausharren müssen, von der sie nur durch einen Sturz loskommen können; aber sie mögen auch Zeugen dafür sein, daß es ihre drückendste Last ist, anderen zur Last fallen zu müssen, und statt in die Höhe erhoben, an die Höhe gekettet zu sein. Durch Gerechtigkeit, durch freundliches Wesen, durch Menschlichkeit, durch Güte und Freigebigkeit mögen sie sich Stützen schaffen, auf die sie sich bei den folgenden Wechselfällen verlassen können; und eben diese Aussicht wird ihnen mehr Sicherheit verleihen, solange sie oben schweben müssen. Nichts aber wird uns in gleicher Weise von dem unsicheren Schwanken des Herzens befreien, als wenn wir seinem Höhenflug ein bestimmtes Ziel setzen und dies nicht der Willkür des Schicksals überlassen; es gibt ja Beispiele dafür, wie wichtig es ist, lange vor dem vom Schicksal bestimmten Endpunkt selbst anzuhalten. So wird es auch Begierden geben, die den Geist schärfen; setzt man ihnen eine Grenze, so werden sie ihn nicht ohne Maß und ohne Ziel ins Ungewisse mit sich reißen.

Was ich bisher sagte, wendet sich an die Unvollkommenen, an die Mittelmäßigen und an die Schwachen im Geiste, nicht etwa an die Weisen. Ein Weiser braucht nicht ängstlich Schritt vor Schritt zu setzen. Denn sein Selbstvertrauen läßt es ihn unbedenklich mit dem Schicksal aufnehmen, um nie vor ihm zu kapitulieren. Er hat auch keinen Anlaß, sich davor zu fürchten, da er nicht nur Sklaven, Besitz und Ehrenstellen, sondern auch seinen Körper, Augen und Hände und alles, was einem Manne das Leben teuer macht, ja sogar sich selbst unter die Dinge rechnet, die einem nur auf Widerruf zugeteilt sind, und da er so lebt, als sei er sich nur geborgt und gebe sich ohne Traurigkeit wieder zurück, wenn er abgerufen wird. Doch ist er sich deshalb nicht unwert, weiß er doch, daß er nicht sich selbst gehört; er wird vielmehr alles so sorgfältig, so umsichtig tun, wie ein gewissenhafter und untadeliger Mann das seiner Treue anvertraute Gut zu hüten pflegt. Ergeht aber an ihn der Ruf, dies zurückzugeben, dann wird er nicht mit dem Schicksal hadern, sondern wird sagen: »Ich danke für das, was mein Besitz und Eigentum war. Gegen hohen Pacht hatte ich zwar dein Eigentum in meiner Hut; doch da du es befiehlst, gebe ich es zurück, und dankbar und gerne trete ich es ab. Willst du, daß ich noch etwas von dem Deinen behalte, so werde ich es weiterhin behüten; gefällt es dir anders, so sollst du alles zurückhaben, das zu Gegenständen verarbeitete und das zu Münzen geschlagene Silber, mein Haus und mein Gesinde, dein soll es wieder sein!« Ist's die Natur, die so zurückverlangt, was sie uns einst geliehen, so sprechen wir auch zu ihr: »Nimm wieder zurück den Geist, besser, als du ihn mir gabst; offen stehe ich vor dir, ohne Ausflüchte; hier hast du wieder, gerne geb ich's dir, was du mir einst gegeben, ohne daß es mir bewußt ward; nimm es!« Was will es schon heißen, zurückzukehren, woher du gekommen bist? Schlecht lebt, wer nicht gut zu sterben weiß. Deshalb soll man zuvörderst das Leben in seinem Wert beschränken, ja, unter die billigen Dinge mußt du es zählen. Wir verargen es den Gladiatoren, meint Cicero, wenn sie auf jedmögliche Weise ihr Leben zu retten suchen; wir spenden ihnen Beifall, wenn sie zeigen, wie sehr sie es verachten. Das nämliche aber, sei überzeugt, gilt auch für uns, denn oft ist die Angst vor dem Tode gerade die Todesursache. Die Schicksalsmacht, die ihr Spiel mit uns treibt, spricht zu dir: »Dich feiges, bebendes Geschöpf soll ich noch bewahren? Eben da du deinen Nacken nicht zu bieten weißt, wirst du um so mehr Wunden empfangen und Schläge hinnehmen müssen. Doch du, der du den Streich nicht mit eingezogenem Nacken oder mit abwehrenden Händen, sondern voll Mut hinnimmst, du wirst nicht nur länger leben, sondern auch leichter sterben.« Wer den Tod fürchtet, wird auch nie etwas im Leben ausrichten; wer aber der Überzeugung ist, daß es ihm schon im Augenblick seiner Empfängnis so bestimmt ward, der wird sich danach richten und wird es mit der gleichen Geistesstärke so weit bringen, daß ihm nichts unerwartet kommt. Denn indem er alles, was möglicherweise geschehen kann, vorhersieht, so als geschehe es wirklich, dämpft er den Anprall jeglichen Unheils. Was denen, die auf alles gefaßt sind, als nichts Neues erscheint, das trifft jene gar schwer, die sich sicher glaubten und nur Angenehmes vor Augen hatten. Da ist Krankheit, Gefangenschaft, Zerstörung, Brand, und keines von alldem bricht mit einem Mal herein. Ich mußte doch wissen, in welch sturmumtostes Haus die Natur mich eingeschlossen hatte! So oft schon zogen an meiner Schwelle Fackeln und Wachskerzen vorüber, die im Leichenzug allzu jung Dahingegangener vorangetragen wurden; so oft schon dröhnte es ganz in der Nähe vom Bersten eines Gebäudes; und viele, mit denen mich die Tätigkeit auf dem Forum und in der Kurie oder irgendein Gespräch zusammenführte, hat die Nacht weggerafft, und der Totengräber trennte die Hände, die in Freundschaft einander drückten. Soll es mich da wundern, wenn Gefahren an mich herankommen, die immer schon um mich waren? Viele Menschen begeben sich auf See und denken dabei nicht an den Sturm. Nun, ein gutes Wort lasse ich auch im Munde eines schlechten Gewährsmannes gelten: Publius, der manchen Tragiker und Komiker aussticht, wenn er seine Possen und seine auf die Galeriebesucher gemünzten Witze unterläßt, prägte unter anderem jenen für die Tragödie wie für die Komödie gleich passenden Satz: »Jeden kann treffen, was einen trifft.«

Wer das gut beherzigt und jedes Unglück, das einen anderen trifft – daran ist ja täglich kein Mangel –, so ansieht, als hätte es auch zu ihm freien Zugang, der wappnet sich lange, bevor es gegen ihn geht. Zu spät ist es, rüstest du dich gegen eine Gefahr erst dann, wenn sie sich schon auswirkt. »Ich hätte nicht gedacht, daß dies geschehen könnte.« – Warum denn nicht? Wo ist denn der Reichtum, in dessen Gefolge sich nicht die Not, der Hunger und das Bettlerdasein fänden? Wo die Würde eines Amtes, dessen Purpur, dessen Hoheitszeichen und dessen Patrizierkette nicht von Schande, von Verbannung, von öffentlicher Brandmarkung, von tausendfachem Schimpf und von äußerster Verachtung bedroht wären? Wo gibt es eine Königsmacht, auf die nicht Untergang, Erniedrigung, ein neuer Herr und der Henker warteten? Und nicht einmal lange warten sie; nur eine knappe Stunde verstreicht zwischen dem Besitz der Königsherrlichkeit und dem Augenblick, da man das Knie eines anderen flehend umfassen muß. Finde dich also damit ab, daß jeder Zustand sich wandeln kann und daß alles, was irgendeinem passiert, auch dir passieren kann! Du bist reich, ja, doch bist du etwa reicher als Pompejus? Als diesem Gaius Caligula, sein alter Verwandter, als ein sonderbarer Gastfreund des Kaisers Palast öffnete, um sein eigenes Haus zu schließen, da besaß er weder Wasser noch Brot. Er, der einst so viele Flüsse sein eigen nannte, die auf seinem Grund entsprangen und mündeten, mußte nun um einen Tropfen Wasser betteln. Schließlich starb er vor

Hunger und Durst im Palast seines Verwandten, während ihm sein Erbe ein Staatsbegräbnis ausrichten ließ. – Du hast gar hohe Ehrenämter bekleidet? Etwa gar so hohe, so unverhoffte und so einflußreiche wie Sejan? Am gleichen Tage noch, da ihm der Senat das Ehrengeleite gegeben hatte, riß ihn das Volk in Stücke. Götter und Menschen hatten ihn mit allen nur denkbaren Gaben überhäuft, und nun war nichts mehr von ihm da, was der Henker noch hätte mitnehmen können. – Ein König bist du? Ich will dich nicht an Krösus erinnern, der dazu verurteilt ward, den Scheiterhaufen zu besteigen, der ihn freilich auch wieder verlöschen sah, und nicht nur sein Königtum, sondern gewissermaßen auch seinen eigenen Tod überleben durfte; nicht an Jugurtha will ich erinnern, der im gleichen Jahre noch, da er der Schrecken Roms gewesen, der Stadt zum Schauspiel wurde. Den afrikanischen König Ptolemäus, den Armenierkönig Mithridates haben wir gesehen, umgeben von den Wachtruppen des Kaisers Caligula; der eine verfiel der Verbannung, der andere äußerte den Wunsch, ohne Heimtücke entlassen zu werden. Wenn du angesichts dieses Auf und Nieder der Ereignisse nicht von allem, was möglich ist, annimmst, daß es auch wirklich eintreten werde, dann gibst du dem Unglück Gewalt über dich, die der zu brechen vermag, der sich vorausschauend darauf einstellt.

Man wird weiterhin darauf achten müssen, daß man seine Mühe nicht an Überflüssiges verschwendet und sich unnötigerweise abmüht; das will besagen, wir sollen nicht Unerreichbares anstreben, oder dann, wenn wir an unser Ziel kamen, nach vielen beschämenden Erfahrungen die Eitelkeit all unseres Begehrens begreifen; ich meine eben, unser Mühen soll nicht vergeblich oder der Erfolg nicht der Mühe unwert sein. Denn ein Mißerfolg oder ein Gelingen, dessen man sich schämen muß, verursacht nur Unbehagen.

Bekämpfen sollen wir auch alles unruhige Umherlaufen, wie es vielfach bei Leuten zu beobachten ist, die in allen möglichen Häusern, Theatern und auf allen Plätzen auftauchen. Sie bieten sich für alles an, was sie nichts angeht, und machen stets einen sehr tätigen Eindruck. Fragt man einen solchen im Augenblick, da er sein Haus verläßt: »Wohin, mein Freund? Was hast du vor?« so wird er sagen: »Herrgott, ich weiß es wirklich selbst nicht; aber ich werde schon wen treffen und irgendwas zu tun finden.« Ohne festes Ziel rennen sie umher und suchen sich wichtig zu machen; sie handeln nicht nach einem Plan, sondern wie es gerade der Zufall will. Ja, ohne Plan und ohne Sinn rennen sie umher wie die Ameisen im Gesträuch, die ohne ersichtlichen Grund bald ganz oben, bald ganz unten krabbeln. So und ähnlich leben die meisten Menschen dahin, und mit Recht könnte man hier von »rastloser Untätigkeit« sprechen. Mitleid möchte man mit ihnen haben, wenn sie rennen, als sei ein Brand ausgebrochen: dahin geht es, wer im Wege steht, wird umgerempelt, sie selbst stürzen und reißen andere mit, und dabei geht es ihnen nur darum, jemand zu grüßen, der ihnen nicht einmal darauf antwortet, oder beim Leichenzug eines Unbekannten dabeizusein oder beim Prozeß irgendeines Streitsüchtigen oder bei der Verlobung einer heiratswütigen Person, oder sie laufen gar hinter einer Sänfte her, die sie sogar da und dort noch selbst tragen. Wenn sie dann todmüde heimkommen, so schwören sie, sie wüßten nicht, warum sie fort waren, noch wo sie gewesen, um freilich am folgenden Tag die gleiche Irrfahrt wieder anzutreten. Nein, jede Arbeit muß ein Ziel und einen Zweck haben! Nicht der Drang zur Tätigkeit ist es, der sie in Unruhe versetzt, sondern falsche Vorstellungen von den Dingen lassen sie wie Verrückte umherjagen; denn auch sie bedürfen des Anreizes irgendeiner Hoffnung; aber dieser Reiz geht für sie von einem Scheinbild aus, und ihr benommener Sinn kann nicht erkennen, daß nichts dahintersteckt. Ebenso führen auch jeden, der nur fortgeht, um die Volksmassen noch um seine Person zu vermehren, nichtige und belanglose Vorwände kreuz und quer durch die Stadt; ohne daß ihn eine Arbeit ruft, treibt ihn der erste Sonnenstrahl hinaus, und wenn er dann an vielen Türen vergebens geklopft und die Empfangslakaien der Reihe nach begrüßt hat, ist ihm eine Abfuhr nach der anderen zuteil geworden; keinen jedoch von allen trifft er schwerer zu Hause an als sich selbst. Eng mit diesem Übel verbunden ist jene schändliche Unart, überall herumzuhorchen, nach öffentlichen und geheimen Vorgängen zu schnüffeln und alles zu wissen, was man weder mit Sicherheit weitergeben noch mit Sicherheit aufnehmen kann. – Das, so glaube ich, hatte Demokrit im Auge, als er begann: »Wer ruhig leben will, der betreibe nicht vieles, weder im privaten noch im öffentlichen Bereich«, womit er natürlich die überflüssigen Dinge meint; denn wenn es um Notwendiges geht, dann muß man in beiden Bereichen nicht bloß vieles, sondern unzähliges betreiben. Ist es aber keine heilige Pflicht, die einen ruft, so halte man sich vom Handeln fern!

Denn wer vielerlei betreibt, gibt dem Schicksal auch vielerlei Gewalt über sich, und es ist doch der sicherste Grundsatz, es möglichst wenig herauszufordern, nur immer daran zu denken, aber von seiner Treue nichts zu halten. Ich werde in See gehen, falls nichts dazwischenkommt; ich werde Prätor werden, wenn es ohne Hindernis möglich ist; und mein Unternehmen wird gelingen, falls alles gutgeht, so sagt sich der Weise, und deshalb behaupten wir wohl mit Recht, es treffe ihn nichts wider Vermuten. Wir sehen ihn nicht außerhalb der menschlichen Zufälle, aber außerhalb des menschlichen Irrens; es fügt sich ihm auch nicht alles, wie er sich's wünschte, jedoch so, wie er sich's dachte. Und sein Hauptgedanke war doch immer der, es könne seinen Plänen irgend etwas zuwiderlaufen. Der Schmerz über einen unerfüllten Wunsch trifft einen aber notwendigerweise mit geringerer Wucht, wenn man den Erfolg nicht als ausgemachte Tatsache ansieht.

Wir müssen uns aber auch in der Hinsicht wendiger machen, daß wir nicht zu sehr auf unsere Grundsätze pochen. Sagen wir doch ja zu dem, was das Schicksal uns bringt, und haben wir keine Angst, einmal unsere Pläne umzuwerfen oder unseren Standpunkt zu ändern; nur vom Wankelmut dürfen wir uns nicht überkommen lassen, ist doch gerade er der schlimmste Feind unserer inneren Ruhe. Denn einerseits ist die Hartköpfigkeit eine Quelle von Angst und Schmerz, da ihr das Schicksal gerne etwas mit Gewalt entwindet, anderseits bringt das ewig unentschlossene Schwanken uns noch übleren Kummer. Beides stört die Ruhe des Herzens, nichts ändern zu können und sich mit nichts abfinden zu wollen. Auf jeden Fall müssen wir unser Inneres von allen äußeren Dingen loslösen, müssen in uns selbst Sicherheit, Freude und Erbauung suchen, uns von allem Fremdem möglichst abwenden und uns an uns selbst anschließen, Unangenehmes nicht fühlen und am Schlimmen das Gute suchen. Auf die Nachricht, sein gesamtes Hab und Gut sei bei einem Schiffbruch im Meer versunken, fand unser Zeno nur die Worte: »Das Schicksal will, daß ich ungestörter philosophieren kann!« Dem Philosophen Theodorus drohte der Tyrann mit dem Tode, und zwar unter Verweigerung des Begräbnisses; da sprach der Philosoph: »Nimm dir, was dir gefällt! Das bißchen

Leben steht zu deinen Diensten; und was das Begräbnis anlangt, so bist du ein Tor, wenn du glaubst, es mache mir etwas aus, ob ich auf der Erde oder unter der Erde verwese.« Canus Julius, ein sehr bedeutender Mann, der nicht weniger bewundernswert ist, weil er unserem Jahrhundert angehört, hatte mit Gaius Caligula eine lange Auseinandersetzung, und als er wegging, sagte der grausame Tyrann zu ihm: »Schmeichle dir ja nicht mit einer falschen Hoffnung, den Befehl zu deiner Hinrichtung habe ich schon gegeben!« Julius entgegnete nur: »Danke, gnädigster Herr.« Was er damit meinte, ist mir nicht klar, denn vielerlei Deutungen wären möglich. Wollte er Caligula schmähen und ihm sarkastisch bedeuten, wie weit es mit seiner Grausamkeit gekommen war, wenn sie den Tod zur Wohltat machte? Oder wollte er den damals schon zur alltäglichen Gepflogenheit gewordenen Wahnwitz geißeln, daß die sich noch bedankten, deren Kinder getötet und deren Besitz weggenommen wurde? Oder war ihm der Tod als Befreiung willkommen? Auf jeden Fall war es die Antwort eines großen Herzens. Es könnte natürlich einer sagen: Gaius hatte es ja in seiner Macht, ihn weiterleben zu lassen. Das brauchte Canus wirklich nicht zu befürchten; des Caligula unbeugsame Härte in solchen Fällen war nämlich bekannt. Glaubst du auch, daß Canus die zehn Tage bis zu seiner Hinrichtung ohne irgendwelche Erregung hinbrachte? Es klingt wirklich unwahrscheinlich, was er alles sprach und tat und wie er so ganz der inneren Ruhe hingegeben war.

Als ihn der Hauptmann, der den Zug der Todgeweihten anführte, mitkommen hieß, war er gerade mit dem Brettspiel beschäftigt. Wie er seinen Namen hörte, zählte er die Steine und sprach zu seinem Partner: »Daß du mir nach meinem Tod nicht lügst, du habest gewonnen!« und indem er dem Hauptmann zunickte: »Du wirst bezeugen, daß ich einen Stein mehr habe.« Meinst du, Canus habe wirklich auf jenem Brett gespielt? Spott war sein Spiel! Seine Freunde waren traurig, einen solchen Mann verlieren zu müssen. »Wozu die Trauer?« sagte er da. »*Ihr* müßt noch danach forschen, ob die Seele unsterblich ist, *ich* aber werde es gleich erfahren.« Und selbst seine letzten Augenblicke gehörten noch wie sein ganzes Leben der Forschung: es geleitete ihn nämlich sein Philosoph, und schon näherte man sich dem Hügel, wo dem Caesar, unserer Gottheit, das tägliche Opfer dargebracht wurde; da sprach der Philosoph: »Was hast du jetzt für Gedanken, oder wie ist dir zumute, Canus?« »Ich habe mir in den Kopf gesetzt«, so war seine Antwort, »in diesem allkürzesten Augenblick aufzupassen, ob die Seele ihr Scheiden überhaupt bemerkt.« Und er versprach, für den Fall, daß er etwas beobachten könne, bei seinen Freunden umzugehen und ihnen über den Zustand der Seelen zu berichten. Welch eine Ruhe inmitten des Sturmes! Wahrhaftig, ein Geist, wert, daß er ewig lebe, da er seinen Tod dem Dienst an der Wahrheit weihte, da er beim letzten Atemzug noch die scheidende Seele befragte, und nicht nur *bis* zum Tode, sondern sogar noch *vom* Tode selbst etwas zu lernen suchte! Länger hat noch niemand philosophiert! Doch nicht rasch wollen wir von diesem großen Manne scheiden, dem dieser Ruhmestitel im wahrsten Sinne des Wortes gebührt: ewigem Gedenken weihen wir dich, glorreiches Haupt, das so viel zum Ende des Tyrannen beigetragen!

Doch es ist nicht ausreichend, nur die Ursachen der Traurigkeit im persönlichen Leben zu beseitigen, denn zuweilen überkommt uns ein Haß gegen das ganze Menschengeschlecht. So oft muß man sehen, wie das Glück die Gemeinheit begünstigt, wie die schlichte Ehrlichkeit selten wird, die Unschuld verschwindet und Treue kaum anzutreffen ist, außer wenn sie materiellen Vorteil bringt. Anderseits bedenke man, wie sich die gleicherweise verabscheuten angenehmen und unangenehmen Seiten der Wollust breitmachen, dazu der Ehrgeiz, der in solchem Maße aller Grenzen spottet, daß er in seiner Schändlichkeit noch groß erscheint. Da wird es dunkel um die Seele, als wären die Tugenden aus der Welt verschwunden, die man weder erhoffen darf noch besitzen kann, um Nutzen von ihnen zu erfahren. Deshalb müssen wir uns innerlich dazu bringen, daß uns alle Gemeinheit des großen Haufens nicht zum Hasse reizt, sondern lächerlich vorkommt, und daß wir lieber dem Demokrit als dem Heraklit folgen: denn dieser weinte jedesmal, wenn er unter die Menschen trat, Demokrit aber lachte! Dem

Heraklit erschien alles menschliche Tun als ein Bild des Jammers, dem Demokrit aber als Posse. Und so sollen wir denn alles auf die leichte Schulter nehmen und sollen es unbeschwerten Herzens ertragen. Es steht dem Menschen besser an, über das Leben zu lachen, als es zu beweinen. Und dazu erwirbt man sich mit dem Lachen noch eher ein Verdienst um das Menschengeschlecht als mit dem Weinen; denn wer lacht, dem bleibt wenigstens noch einiger Optimismus, der andere aber weint in seiner Torheit über das, an dessen Verbesserung er scheitern muß. Und betrachtet man alles in allem, so zeigt sich der als der größere Geist, der in Lachen auszubrechen vermag, als der, dem bei der leisesten inneren Erregung die Tränen kommen; denn jener sieht nichts als bedeutend an, nichts dünkt ihn wichtig, aber er sieht auch nichts Bejammernswertes im großen Lauf der Welt. Ein jeder mache sich noch einmal klar, weshalb wir jeweils froher oder trauriger Stimmung sind, und er wird mit Bion zugeben müssen, daß alles menschliche Tun nur Stückwerk ist und daß unser Leben nicht ernster und wichtiger zu nehmen ist als der Augenblick der Zeugung; denn aus dem Nichts geboren, kehren wir ins Nichts zurück. Doch besser noch fahren wir, wenn wir die Gepflogenheiten der Masse und die menschlichen Unzulänglichkeiten in aller Ruhe über uns ergehen lassen, ohne Lachen und ohne Weinen. Denn wegen des Versagens der anderen sich abzuhärmen, bedeutet Leid ohne Ende, sich aber daran zu ergötzen, ist ein menschenunwürdiges

Vergnügen, wie es auch eine unnütze Höflichkeit ist, wenn einer weint und ein trauriges Gesicht macht, weil irgendwer seine Tochter begräbt. Selbst dann, wenn einen gewöhnlich ein Unglück trifft, muß man sich so in der Gewalt haben, daß man dem Schmerz nur soweit nachgibt, wie es die Natur, nicht wie es die Gepflogenheit erfordert. Die meisten vergießen ihre Tränen nur, um sie sehen zu lassen, und ihre Augen sind trocken, sowie sie sich ungesehen fühlen; sie glauben, es sei eine Schande, nicht zu weinen, wenn alles weint. So tief sitzt das Übel des Verzichts auf eine eigene Meinung, daß sogar ein so natürliches Gefühl wie der Schmerz zu einer Frage der Verstellungskunst wird.

Es sei noch die Rede von den Fällen, wo wirklich ein Grund zur Trauer und zu banger Sorge gegeben ist, nämlich dann, wenn ein guter Mensch ein bitteres Ende findet: so mußte ein Sokrates im Kerker sterben, ein Rutilius mußte in die Verbannung gehen; Pompejus und Cicero mußten den Todesstreich von ihren eigenen Schutzbefohlenen hinnehmen, während Cato, der lebendige Inbegriff aller Tugend, sich ins Schwert stürzt und so bekundet, daß es mit ihm ebenso zu Ende sei wie mit der Republik. Es muß einem wirklich das Herz bluten, wenn man die Ungerechtigkeit bedenkt, mit der das Schicksal seinen Lohn bezahlt; und was bleibt einem da zu hoffen, wenn man sieht, wie gerade die Besten am meisten zu leiden haben? Was bleibt einem da noch zu tun? Schau erst einmal, wie ein jeder von ihnen sein Geschick getragen, und wenn sie tapfer waren, dann suche dein Herz nach dem ihren zu formen; starben sie aber feige und unmännlich, dann ist ihr Tod kein Verlust. Entweder sie verdienen es, daß du ihre Standhaftigkeit bewunderst, oder aber sie sind es nicht wert, daß man von ihrer Feigheit noch spricht. Könnte man sich eine größere Schmach denken, als wenn uns das tapfere Sterben der größten Männer mit Angst erfüllte? Nein, unvergänglichen Ruhm für alle, die ihn verdienten! »Je tapferer du warst« – so laßt uns sprechen –, »desto glücklicher laß dich preisen! Alles Unglück, das einen treffen kann, liegt ja nun hinter dir, kein Neid kann dich treffen, keine Krankheit quälen; dem Kerker bist du entronnen; den Göttern erschienst du nicht weiteren Unheils würdig, dem Schicksal nahmen sie alle Macht wider dich! Auf denen laste nun seine Hand, die sich ihm entziehen wollen, die noch im Angesicht des Todes nach dem Leben spähen!« Keinen will ich beweinen, ob er lachend oder ob er weinend starb; der eine ließ selbst meine Tränen trocknen, der andere zeigte sich durch seine Tränen unwert der meinen. Soll ich etwa über den Herkules weinen, weil er sich lebend dem Feuer gab? Oder über den Regulus, den so viele Nägel durchbohrten? Über Cato, weil er seine Wunden so tapfer ertrug? Sie alle haben in einem einzigen kurzen Augenblick den Weg zu ewigem Ruhm gefunden und sind durch ihren Tod unsterblich geworden.

Auch entstehen vielerlei Mißlichkeiten, wenn man sich ängstlich anstellt, anstatt daß man sich gegenüber jedermann natürlich gibt; so ist das Leben vieler unwahrhaftig und auf den Schein berechnet. Denn das beständige Aufpassen auf die eigene Haltung und die Angst, aus der Rolle zu fallen, verursacht Qualen. Nie verläßt einen da die Sorge, wenn man in jedem Blick, der auf einen fällt, eine Beurteilung gewärtigen muß. Denn mancherlei Vorfälle zwingen uns doch, die Verstellung aufzugeben, und selbst wenn man dies vorsichtig zu verhindern weiß, so lebt es sich doch weder angenehm noch sorgenfrei in der beständigen Maskierung. Wieviel Vergnügen gewährt dagegen jene reine, ungeschminkte Natürlichkeit, die ihren Charakter nicht verbirgt! Freilich ist ein solches Verhalten von der Gefahr der Verachtung bedroht, wenn man jedermann in sein Innerstes blicken läßt; denn viele verabscheuen jede allzu große Vertrautheit. Aber die Tugend ist von dieser Gefahr ausgenommen, sie verliert nicht an Wert, wenn sie sich dem Auge der Menschen darbietet, und lieber soll man sich ob seiner Natürlichkeit verachten als ein ganzes Leben vom Zwang zur Verstellung quälen lassen. Freilich, auch hier walte Maß! Es ist nämlich auch wieder ein großer Unterschied, ob man natürlich oder ob man gleichgültig lebt. Immer wieder muß man bei sich selbst Einkehr halten; der Umgang mit andersgearteten Menschen bringt nämlich die eigene Ordnung in Gefahr, erregt aufs neue die Leidenschaften und läßt die schwachen und wunden Stellen in unserem Inneren wieder zum Eitern kommen. Man sollte eben beides, Einsamkeit und geselliges Leben, miteinander abwechselnd vereinen: die Einsamkeit wird in uns die Sehnsucht nach Menschen wachrufen, die Geselligkeit aber die Sehnsucht nach uns selbst, und beide ergänzen sich gegenseitig wohltuend. Der Abneigung gegen die Masse steuert die Einsamkeit, dem Ekel am Alleinsein die Menge. Und man darf auch den Geist nicht ständig in der gleichen Spannung halten, sondern muß ihn auch mit heiteren Dingen befassen. So trug Sokrates keine Scheu, mit Kindern zu spielen, und Cato entspannte sich, wenn er von Staatsgeschäften müde war, beim Wein; Scipio aber, an Triumphzüge und Marschtritt gewöhnt, bewegte sich gerne im Tanz, nicht weichlich sich wiegend, wie es heute viele sogar beim Schreiten tun, weibischer selbst als das weibliche Geschlecht, sondern so, wie es früher bei Spiel und Fest die Männer machten, wenn sie im Dreischritt kraftvoll den Boden stampften, ohne sich selbst vor den Feinden etwas zu vergeben, wenn diese hätten zuschauen können. Der Geist braucht Erholung; frisch und gestärkt wird er sich nach der Entspannung wieder regen. Wenn man von fruchttragenden Äckern nichts mit Gewalt erzwingen darf – denn rasch ist's mit der Fruchtbarkeit zu Ende, wenn man ihr keine Pause gönnt –, so lähmt die pausenlose Anstrengung den Schwung des Geistes, wogegen frische Kraft sich regt, sobald man etwas geruht und sich entspannt hat. Unaufhörliche Arbeit stumpft den Geist ab und läßt ihn erschlaffen. Und wenn Spiel und Scherz nicht gewissermaßen eine natürliche Erholung böten, so verlangten die Menschen nicht so heftig danach; gibt man sich ihnen zu häufig hin, so bringen sie freilich den Geist um sein ganzes Gewicht, um seine ganze Kraft. Auch des Schlafs bedarf man zur Erholung; fände er aber Tag und Nacht kein Ende, so wär's der Tod. Es ist ein großer Unterschied, ob man mit etwas ganz aufhört oder ob man es nur langsamer tut. Die Gesetzgeber haben Feiertage geschaffen, um die Menschen von Staats wegen zum Frohsinn zu zwingen; und so legten sie gleichsam zwischen die Arbeiten die nötige Ruhepause ein. Bedeutende Männer haben sich, wie ich schon sagte, allmonatlich an gewissen Tagen Ferien gegönnt, und einige teilten jeden Tag zwischen Muße und Erfüllung ihrer Obliegenheiten ein; so erinnern wir uns an den großen Redner Asinius Pollio, der sich durch nichts über die zehnte Stunde* hinaus in Anspruch nehmen ließ; nicht einmal Briefe las er noch nach diesem Zeitpunkt, um ja keiner neuen Sorge mehr zu begegnen. Aber die Erschöpfung eines ganzen Arbeitstages wich in diesen beiden Ruhestunden von ihm. Andere wieder legen am Mittag eine Pause ein und verschieben irgendwelche leichtere Arbeiten auf den Nachmittag. Schon unsere Vorfahren ließen nach der zehnten Stunde im Senat keinen Vortrag mehr zu. Der Soldat teilt die Zeit nach seinen Wachen

* Die zehnte Stunde nach der römischen Zählung entspricht ungefähr unserer vierten Nachmittagsstunde.

ein, und wer von der Streife zurück ist, hat die Nacht über dienstfrei. Man muß seiner eigenen Seele gefällig sein und muß ihr ab und zu Ruhe gönnen, aus der sie Nahrung und Kraft gewinnt. Man soll ausgedehnte Spaziergänge an der frischen Luft unternehmen, damit der Geist unter dem offenen Himmel tief Atem schöpfe und sich labe. Dann wird auch einmal eine Spazierfahrt, eine Reise, ein Ortswechsel, eine Gasterei oder ein herzhafter Trunk die Lebensgeister anregen. Sogar ein Räuschchen darf es dann und wann einmal absetzen, nicht so, daß es uns wegspülte, doch so, daß es uns ordentlich schwanken macht. Denn das läßt die Sorgen entweichen und rüttelt die Seele zutiefst auf und wird mit so mancher Krankheit, ja selbst mit der Schwermut fertig. Und *Liber* (»Der Freie«), so heißt ja der Erfinder des Weins, nicht weil er die Zunge löst, sondern weil er das Herz von der Knechtschaft der Sorgen befreit, weil er ihm Lebenskraft einflößt und weil er es kühner macht für jegliches Unternehmen. Doch wie die Freiheit, so bedarf auch der Wein des heilsamen Maßes. Manche wollen wissen, daß auch Solon und Arcesilaus einen guten Tropfen zu schätzen wußten. Dem Cato ward sogar Trunkenheit zum Vorwurf gemacht; doch von wem dieser Tadel auch stammt, eher wird ein solcher aus diesem Fehler ein Lob machen, als Catos Ehre verletzen. Häufig darf es freilich nicht vorkommen, sonst könnte es zur schlimmen Gewohnheit werden; doch ab und zu soll sich das Herz zu ungebundenem Frohsinn hinreißen lassen, und die traurige Nüchternheit soll für ein Weilchen verschwinden. Denn mögen wir dem griechischen Dichter glauben, der da spricht: »Zuweilen macht es Spaß, etwas verrückt zu sein«, mögen wir es mit Platon halten, wenn er sagt: »Vergebens pocht der Nüchterne an die Pforten der Dichtkunst«, oder mögen wir uns zu Aristoteles' Wort bekennen: »Es gibt kein Genie ohne ein Quantum Tollheit« – etwas Gutes, über das Alltägliche Erhabenes kann wirklich nur ein beschwingter Geist aussprechen. Wenn er das Niedrige und Durchschnittliche verachtet und sich in heiliger Begeisterung erhebt, dann erst verkündet er Höheres als der Mund eines Sterblichen. Nichts Erhabenes, nichts, was auf steiler Höhe ragt, vermag er zu erreichen, solange er bei sich selbst weilt; das Gewöhnliche muß er hinter sich lassen, muß sich emporreißen und in den Zügeln knirschen, ja er muß sogar seinen Lenker mit sich reißen – dorthin, wohin dieser sich nie allein getraut hätte.

Nun, mein teuerster Serenus, weißt du, was der Ruhe des Herzens wohl bekommt, was sie wiederbringt und was die schleichenden Übel von ihr fernhält. Doch das eine beachte wohl, daß all meine Worte nicht zureichen, wenn man sich mit seiner Schwäche abfindet und wenn nicht unsere wache Sorge ständig das unruhige Herz umkreist.

Moralische Briefe (Epistulae morales ad Lucilium)

Von den wahren Gütern des Lebens

(ep. 14)

Ich muß zugeben, daß uns eine Liebe zu unserem Körper angeboren ist, und bestreite nicht, daß wir für ihn Sorge tragen. Ich gestehe, daß man ihn pflegen, leugne aber, daß man ihm dienen muß. Denn wer der Sklave seines Körpers ist, wer allzusehr für ihn sorgt und alles auf ihn bezieht, wird zum Sklaven vieler. Wir dürfen uns nicht so verhalten, als müßten wir des Körpers wegen leben, sondern als könnten wir ohne Körper eben nicht leben. Hängen wir allzusehr an ihm, so beunruhigen uns Ängste, belasten uns Sorgen und sind wir der Schande verfallen. Wer seinen Körper allzusehr liebt, dem ist die Ehre wohlfeil. Freilich soll man eifrig für ihn sorgen, doch so, daß man ihn dem Feuer überantworten könnte, wenn Vernunft, Würde und Pflichttreue es erheischten. Gleichwohl wollen wir nach bestem Vermögen allem Ungemach und jeder Gefahr aus dem Wege gehen und uns in Sicherheit bringen, indem wir immer wieder überlegen, wie wir die Ursachen unserer Furcht ausschalten können. Ihrer gibt es dreierlei, wenn ich nicht irre: den Mangel, die Krankheiten und das, was einem durch die Gewalt eines Mächtigeren zustoßen kann. Davon aber erschüttert uns am meisten, was uns von fremder Gewalt droht, denn es kommt mit großem Lärm und Getöse. Jene natürlichen Übel aber, von denen ich sprach, Mangel und Krankheiten, schleichen heimlich herbei und jagen weder dem Auge noch dem Ohr irgendwelchen Schrecken ein.

Doch ungeheuerlich ist das Gefolge jenes dritten Übels: Feuer und Schwert hat es bei sich und Ketten und eine Meute Bestien, um sie auf Menschenleiber zu hetzen. Denke da nur an Kerker, Marterholz, Folter, Haken und an jenen Pfahl, den man mitten durch den Leib treibt, so daß er zum Mund wieder herauskommt, oder an das Zerfetzen der Glieder durch Gespanne, die man nach zwei Richtungen auseinander jagt, an jenes leicht brennbare, mit feuergefährlichen Stoffen präparierte und durchwirkte Untergewand, kurz – an alles, was sonst noch menschliche Raserei ersonnen hat! Es ist also nicht verwunderlich, wenn man vor etwas in größte Furcht gerät, dessen Möglichkeiten zahllos und dessen Mittel entsetzlich sind. Wie nämlich der Henkersknecht noch mehr ausrichtet, wenn er eine Vielzahl von Folterwerkzeugen bereitlegt – denn schon vom Anblick wird überwältigt, wer dem Leiden widerstanden hätte –, so haben von den Dingen, die unseren Geist überwältigen, diejenigen noch eine größere Wirkung, die sich an das Auge wenden können. Jene Geißeln sind nicht minder schrecklich, ich meine Hunger, Durst, Magengeschwüre, Fieber, die einem selbst die Eingeweide ausdörren . . ., aber man sieht sie nicht,

sie haben nichts, was sie drohend vorweisen könnten; diese aber siegen wie gewaltige Heere schon durch ihren Anblick und ihre Ausstattung.
Sei mir also bemüht, andere nicht zu kränken! Zuweilen ist es das Volk, vor dem wir uns zu fürchten haben, manchmal aber sind es Männer innerhalb des Volkes, die in besonderer Gunst stehen, nämlich dann, wenn nach der Verfassung das meiste in die Hände des Senats gegeben ist; bisweilen sind es auch einzelne, welche Macht über und – gegen das Volk besitzen. Sie alle aber zu Freunden zu haben, ist schwer, und es genügt, wenn man sie nicht zu Feinden hat. Der Weise wird daher nie den Zorn der Mächtigen reizen, sondern wird ihm zu entgehen suchen wie dem Sturme bei einer Seefahrt. Auf Deiner Reise nach Sizilien überquertest Du die Meerenge; der verantwortungslose Steuermann gab nichts auf den drohenden Südwind – denn dieser ist es, der das Meer um Sizilien aufwühlt und zu Strudelbildungen zwingt –, er hielt nicht auf das linke Ufer zu, sondern dorthin, wo ganz nahe die Charybdis die Meeresfluten zusammenwirbelt. Der Vorsichtigere aber befragt die Ortskundigen nach der Strömung, nach dem Zeichen der Wolken, und hält sich weit außerhalb der Gegend mit den berüchtigten Strudeln. Ebenso handelt der Weise: Er geht der gefährlichen Übermacht aus dem Wege, wobei er sich vor allem vorsieht, daß man ihm sein Verhalten nicht anmerkt. Denn zum Teil beruht die Sicherheit darauf, daß wir nicht offen zugeben, sie zu suchen; denn was man

flieht, verdammt man ja! Wir müssen deshalb gut darauf achten, wie wir uns vor der großen Menge in Sicherheit bringen können. Vor allem sollen wir nie das gleiche begehren wie sie; denn unter Konkurrenten gibt es Streit. Sodann sollten wir nichts besitzen, was einem Dieb viel Nutzen bringen könnte, weshalb man möglichst wenig an sich tragen sollte, was die Beutegier reizt. Niemand oder nur wenige verlangen nach Menschenblut um seiner selbst willen; bei den meisten ist das Zweckdenken stärker als der Haß; einen Nackten läßt der Räuber vorbeiziehen, und der Arme geht auch auf bedrohten Wegen in Frieden dahin.

Sodann muß man nach alter Regel drei Dinge vermeiden suchen: Haß, Neid und Geringschätzung. Wie man dies fertigbringt, zeigt einzig die Weisheit. Denn das richtige Maß ist hier schwer zu finden, und es besteht die Gefahr, daß nicht der Neid, sondern die Furcht uns gering erscheinen läßt, d. h. daß der Anschein entsteht, man könne uns treten, weil wir es ablehnen, andere zu treten. Vielen hat es Furcht verursacht, daß sie in der Lage waren, Furcht zu erregen. Ziehen wir uns daher von jeder Seite zurück; es schadet nicht weniger, Geringschätzung zu ernten, als Verdacht zu erregen.

So gilt es also, bei der Philosophie seine Zuflucht zu nehmen. Diese Wissenschaft wirkt – ich sage nicht bei den Guten, doch bei den etwas Anfälligen – wie eine Priesterbinde. Denn die Kunst der öffentlichen Rede und alles, was auf das Volk sonst noch Eindruck macht, ruft Gegner auf den Plan. Die Philosophie aber, die sich nur still mit sich selbst beschäftigt, kann einem keine Mißgunst einbringen; sie genießt auch bei den Schlechtesten Ansehen wie keine andere Wissenschaft. Nie wird die Gemeinheit so erstarken, nie wird sie sich so gegen die Tugenden verschwören, daß der Name der Philosophie nicht verehrungswürdig und heilig bliebe.

Übrigens muß man die Philosopie selbst in Ruhe und Bescheidenheit pflegen. Ich höre Dich sagen: »Scheint dir etwa M. Cato so bescheiden zu philosophieren, der durch seinen Ausspruch einen Bürgerkrieg unterdrückte, der sich mitten unter die rasenden Parteiführer begab, die schon mit ihren Waffen drohten, der beide Parteien gegen sich selbst aufbrachte, während die eine sich gegen Pompejus, die andere gegen Cäsar wandte?« Man kann darüber verschiedener Meinung sein, ob in solchen Zeiten ein Weiser sich mit Staatsgeschäften hätte befassen sollen ... Was willst Du denn da, M. Cato? Es geht jetzt nicht mehr um die Freiheit; sie ist längst verspielt! Es ist nur die Frage, soll dem Cäsar oder dem Pompejus der Staat gehören. Was geht Dich dieser Streit an? Mit keiner Partei hast Du etwas zu schaffen. Man wählt einen Alleinherrscher. Was kümmert's Dich, welcher siegt? Es kann der Bessere siegen, doch muß auf jeden Fall der Sieger zum Schlechteren werden ... Ich sprach von der letzten Rolle des Cato; aber auch die vorangehenden Jahre waren nicht von der Art, daß sie den Weisen zur

Teilnahme an jenem vom Staat ausgehenden Raub bringen durften. Was hat denn Cato getan, als daß er laut, jedoch vergeblich seine Stimme erhob, als er bald vom Volk auf Händen getragen, bald angespuckt und vom Forum gezerrt, bald aus dem Senat in den Kerker abgeführt wurde?

Doch später werden wir sehen, ob der Weise sich um Staatsgeschäfte kümmern darf; vorerst will ich Dich auf diejenigen Stoiker verweisen, die sich, von der Staatsverwaltung ausgeschlossen, zurückgezogen haben, um, ohne einen Mächtigeren zu reizen, dem Leben zu dienen und Gesetze für das Menschengeschlecht zu finden. Der Weise wird nie an den herrschenden Sitten rütteln und nie durch die Neuartigkeit seiner Lebensweise auffallen. »Wird nun aber der, der sich danach richtet, vollkommen sicher sein?« Dies kann ich Dir ebensowenig versprechen wie einem Mäßigen die Gesundheit – und doch verhilft Mäßigkeit zur Gesundheit. Manchmal will es sein, daß ein Schiff im Hafen untergeht; was aber, glaubst Du, daß mitten auf dem Meere geschehen kann? Wieviel näher wäre die Gefahr einem, der vieles betreibt und vieles unternimmt, wenn ihm nicht einmal das Nichtstun Sicherheit zu geben vermag? Zuweilen kommen Unschuldige unter die Räder – wer möchte es leugnen –, öfter aber doch Schuldige. Auch dem Fechter, dem seine Rüstung durchstoßen ward, kann man seine Kunstfertigkeit nicht absprechen. Endlich aber geht es für den Weisen bei allen Dingen um die Absicht, nicht um den Erfolg.

Das Beginnen ist unser, über den Ausgang entscheidet das Glück, dem ich keine Stimme über mich zugestehe. »Aber es kann doch einige Qualen und einiges Ungemach bewirken . . .« Nur langsam! Einen Mörder ereilt sein Urteilsspruch auch nicht schon im Anblick der Tat! Nun streckst Du die Hand nach dem täglichen Geschenk aus. Ein goldenes will ich Dir diesmal geben, und da ich schon vom Golde sprach, so vernimm, wie Du es besser gebrauchen kannst und wie es Dir besseren Nutzen bringt: »Der hat am meisten vom Reichtum, der seiner am wenigsten bedarf.« Ich soll Dir sagen, wer diesen Ausspruch tat: Damit Du siehst, wie gut wir es meinen, nahm ich mir vor, fremdes Geistesgut zu loben; er stammt von Epikur oder von Metrodor oder auch von einem anderen aus jener Schule. Und was verschlägt's schon, wer so gesprochen hat, wo es doch für alle galt? Wer Reichtum braucht, muß für ihn fürchten; niemand aber hat an einem Gut Genuß, um das er besorgt sein muß; immer noch mehr will er dem Reichtum hinzufügen. Indem er aber trachtet, ihn zu vermehren, vergißt er darauf, ihn zu genießen. Er empfängt Rechnungen, läuft ständig auf dem Forum umher, durchblättert das Zinsbuch, und aus dem Herrn seines Reichtums wird er zu dessen Verwalter! Lebe wohl!

Gegen die Furcht vor dem Tode
(ep. 30)

Den trefflichen Aufidius Bassus sah ich, wie er, in seiner Lebenskraft gebrochen, mit dem Alter kämpfte. Es drückt aber schon zu schwer auf ihn, als daß er sich nochmals aufrichten könnte, ja, es lastet mit seinem großen, vollen Gewicht auf ihm. Du weißt, er war immer schwächlich und blutarm; lange riß er sich körperlich zusammen, oder richtiger, er fristete sein Leben; nun ist er rasch zusammengebrochen. An einem lecken Schiff kann man wohl die eine oder andere Spalte abdichten, wenn es aber an mehreren Stellen gleichzeitig zu bersten anfängt, dann ist es nicht aufzuhalten, daß es sich gänzlich auflöst: Genauso läßt sich ein altersschwacher Körper wohl einige Zeit stärken und stützen; wenn aber, wie bei einem morschen Gebäude, sich alle Fugen lösen und, während man die eine schließt, eine andere sich öffnet, so muß man sehen, wie man noch »hinauskommt«.

Unser Bassus hat aber noch einen frischen Geist. Der Philosophie hat er dies zu danken; sie läßt ihn heiter dem Tod ins Antlitz sehen, mutig und froh, wie immer es um seinen Körper steht; sie sorgt, daß er seine Geisteskraft bewahre, ob ihn die Kraft des Körpers auch verläßt. Ein rechter Steuermann fährt ja auch mit einem zerfetzten Segel und macht die Reste des Fahrzeugs zurecht für die weitere Fahrt. So hält es auch unser Bassus, und er sieht seinem Ende in einer Stimmung und mit einer Miene entgegen, daß man darin schon eine allzu große Unbesorgtheit sehen möchte, wenn er so das Ende eines anderen Menschen erwartete.

Es ist etwas Großes, mein Lucilius, was eine lange Schulung voraussetzt, mit Gleichmut wegzugehen, wenn die unvermeidliche Stunde gekommen ist. Andere Arten des Todes sind noch mit einiger Hoffnung verbunden: Eine Krankheit hört auf, eine Feuersbrunst wird gelöscht; mancher Einsturz hat die Gefährdeten unversehrt niedergesetzt, das Meer hat manchen mit der gleichen Gewalt, womit es ihn verschlang, wieder unverletzt ans Land geworfen, und mancher Soldat hat schon das Schwert vom Nacken des todgeweihten Gegners zurückgerissen. Aber für einen dem Tode verfallenen Greis gibt es keine Hoffnung; einzig für ihn gibt es kein Zurück.

Auf keine andere Art sterben die Menschen sanfter, aber auf keine andere Weise dauert das Sterben auch länger. Es wollte mir nämlich scheinen, als geleite unser Bassus sich selber zu Grabe und bestatte sich – und überlebe sich selbst und trage den Verlust seiner selbst wie eben ein Weiser. Denn oft spricht er vom Tode und bemüht sich dabei, uns zu überzeugen, daß es Schuld des Sterbenden, nicht des Todes sei, wenn mit dem Sterben einiges Ungemach und auch Angst sich verbinde; während des Todes selbst erfahre man sowenig ein Leid wie nach ihm. Wer aber etwas befürchtet, was er nicht erleiden wird, ist nicht minder töricht als einer, der fürchtet, was er nicht spüren wird. Oder glaubt einer, man könne das fühlen, was einen des Gefühls beraubt? »Also«, sagt Bassus, »steht der Tod in solchem Maße fern jeglichem Leiden, daß er auch mit der Furcht vor irgendwelchen Leiden nichts zu tun haben kann.«

Schon oft, ich weiß es, ist dies gesagt worden, und man muß es auch oft wiederholen; aber weder wenn ich es las noch wenn ich es von denen hörte, die die Furchtbarkeit einer Sache aus sicherer Entfernung von ihr zu bestreiten pflegen, brachte es mir gleichen Gewinn wie aus dem Munde des Bassus. Er machte eben auf mich den stärksten Eindruck, da er vom nahen Tode sprach. Höre, wie ich denke! Ich glaube, wer im Sterben liegt, ist mutiger, als wer sich nur im Bereich des Todes befindet. Denn der Tod, der schon neben einem verweilt, verleiht selbst unerfahrenen Leuten den Mut, sich ins Unvermeidliche zu schicken. So bietet der Fechter, der während des ganzen Kampfes von Furcht erfüllt war, dem Gegner seine Kehle dar und lenkt das Schwert, das sie verfehlen will, genau auf sie. Jener Tod aber, der erst im Nahen ist, doch sicher kommen wird, erfordert einen zähen und festen Mut, wie er sich nur selten und nur bei Weisen findet.

Gar dankbar also war ich dem Bassus, als er mich

gewissermaßen sein Gutachten über den Tod vernehmen ließ und sein Wesen beschrieb, als hätte er ihn schon aus der Nähe betrachten können. Bei Dir freilich fände einer mehr Glauben und Gewicht, der von den Toten aufstände und aus Erfahrung berichtete, daß mit dem Tod nichts Schlimmes verbunden sei.

Welche Erschütterung das Nahen des Todes mit sich bringt, werden Dir die am besten sagen, die ihm nahe waren, die ihn herankommen sahen und ihm die Tür öffneten. Unter diese darfst Du unseren Bassus zählen, der nicht wollte, daß wir uns täuschen ließen. Und er sagte uns, wer den Tod fürchte, sei nicht minder ein Tor als der, welcher dem Alter mit Furcht begegne. Denn wie das Greisenalter dem Mannesalter folgt, so der Tod dem Greisenalter. Wer den Tod verneint, verneint auch das Leben; denn das Leben ist uns nur unter dem Vorbehalt des Todes verliehen; es ist der Weg zum Tod. Ihn zu fürchten, ist also Wahnwitz, weil man dem Sicheren ja entgegensieht, nur das Unsichere aber fürchtet. Der Tod beruht auf einer gerechten und unumgänglichen Notwendigkeit. Wer kann darüber Klage führen, daß er sich in einer Lage befindet wie alle anderen Menschen auch? Die wichtigste Voraussetzung der Gerechtigkeit aber ist die Gleichheit.

Doch es erübrigt sich nun, die Natur noch weiter in Schutz zu nehmen, die für uns kein anderes Gesetz wollte als für sich selbst. Was sie bindet, das löst sie wieder, und was sie löst, das bindet sie wieder. Ist nun einem das Glück geworden, daß ihn das Greisenalter sanft dem Leben entgleiten läßt, nicht jählings weggerissen, sondern ganz allmählich entrückt, dann sollte er wahrhaftig allen Göttern dafür danken, daß er nach einem erfüllten Leben zur Ruhe gelangt, die dem Menschen unerläßlich, dem müde Gewordenen aber süß ist.

Du siehst doch auch, wie manche Menschen den Tod herbeisehnen, und zwar noch in höherem Grade als man gewöhnlich um das Leben fleht. Ich weiß nicht, welche Menschen uns wohl mehr Mut machen können, die, welche nach dem Tod verlangen, oder die, welche ihn ruhig und heiter erwarten; denn das eine geschieht bisweilen in der Erregung und in plötzlicher Aufwallung, während das andere, die Ruhe des Herzens, aus einer festen Überzeugung erwächst.

Manche begegnen dem Tod voll Zorn. Heiter wird ihn eben niemand empfangen, außer wer sich schon lange auf ihn eingestellt hat. Deshalb, ich gestehe es, habe ich den teueren Mann aus vielerlei Gründen so oft besucht, um zu sehen, ob ich ihn jedesmal in der gleichen Haltung anträfe, oder ob etwa mit den Kräften des Körpers die geistige Frische entschwinde; diese aber nahm bei ihm im Gegenteil immer mehr zu, etwa so, wie sich sichtlich die Freude der Wagenlenker um so mehr steigert, je näher sie bei der siebten Runde an die Siegespalme herankommen.

Ganz nach der Lehre Epikurs sagte Bassus zu mir, er hoffe vor allem, der letzte Atemzug gehe ohne jeden Schmerz vor sich; im anderen Falle aber habe schon die

Kürze des Vorgangs wieder etwas Tröstliches. Denn kein Schmerz, der groß ist, könne lange dauern. Übrigens werde ihm auch beim Scheiden der Seele aus dem Körper, wenn es unter Schmerzen vor sich gehe, das Wissen Erleichterung bringen, daß es der letzte Schmerz sei, den er empfinden könne. Er zweifle aber nicht, daß seine Greisenseele nur noch ganz außen an seinen Lippen hafte und sich ohne große Gewalt von seinem Körper lösen lasse. Ein Feuer, das eine kräftige Nahrung gefunden hat, muß man mit Wasser, bisweilen durch Einreißen des Gebäudes ersticken, aber eines, dem es an Nahrung gebricht, erlischt ohnehin.

Gerne, mein Lucilius, vernehme ich solche Worte, nicht als wären sie neu, sondern da sie einen mit der Wirklichkeit des Lebens vertraut machen. Doch Du fragst, ob ich nicht schon wiederholt erlebte, wie sich Menschen selbst das Leben nahmen. Natürlich sah ich solche; doch mehr halte ich von jenen, die dem Tod begegnen, ohne das Leben zu hassen, die ihn an sich herankommen lassen, die ihn nicht an sich ziehen.

Daß wir den Tod als Qual empfinden, sagt Bassus, ist unsere eigene Schuld, da wir zu beben anfangen, wenn wir den Tod uns nahe glauben; wem aber wäre er nicht nahe, er, der bereitsteht an allen Orten und in jedem Augenblick? Wollen wir doch dann, wenn irgendeine Todesgefahr sich zeigt, bedenken, wieviel näher uns andere Todesgefahren sind, die wir nicht fürchten! Da bedrohte einen der Feind mit dem Tod – doch eine innere Krankheit sollte diesen noch rascher herbeiführen als der Feind.

Wollten wir die Ursachen unserer Furcht unterscheiden, so fänden wir, daß es echte und scheinbare gibt. Nicht den Tod als solchen fürchten wir, sondern das, was wir uns darunter vorstellen; denn von ihm selbst trennt uns immer nur die gleiche Entfernung: Muß man daher den Tod fürchten, so muß man ihn stets fürchten, da ihm jeder Augenblick gehört.

Doch nun muß ich fürchten, Du möchtest so lange Briefe noch mehr hassen als den Tod, und so will ich schließen. Du aber denke stets an den Tod, damit Du ihn nie zu fürchten brauchst! Lebe wohl!

Das echte Glück ruht in dir selbst

(ep. 32)

Ich frage nach Dir und erkundige mich bei allen, die aus jener Gegend kommen, was Du treibst, wo Du lebst und in welcher Gesellschaft. Du kannst mich nicht mit leeren Worten abspeisen; denn ich bin bei Dir. Und Du lebe so, als hörte ich alles, was Du tust, ja als wäre ich zugegen!

Du fragst, was mir am meisten Freude macht von dem, was ich über Dich zu hören bekomme? Nun, daß ich eben nichts höre, daß die meisten, die ich befrage, nicht wissen, was Du treibst. Darin aber steckt gerade die Heilkraft, daß man den Umgang mit Menschen meidet, die ganz andere Ziele und Wünsche haben. Ich habe aber die feste Überzeugung, daß Du Dich nicht ablenken läßt, daß Du Dein Ziel festhältst, mögen Dich die Verführer noch so umschwärmen.

Was ist es denn, was ich fürchte? Ich fürchte nicht, sie möchten Dich umwandeln, aber sie könnten Dir im Wege sein! Aber schon wer uns verweilen läßt, schadet uns viel bei der Kürze des Lebens, das wir durch unsere Unbeständigkeit noch mehr verkürzen, indem wir es bald von hier, bald von dort neu beginnen. Wir machen es zu kleinen Teilchen und zerstückeln es.

Drum spute Dich, mein teuerster Lucilius, und bedenke, wie Du Deinen Lauf beschleunigst, wenn Dich der Feind im Rücken bedrohte, wenn Du besorgtest, Reiter sprengten heran und folgten dem Fliehenden auf dem Fuß!

So ist es ja auch: Sie setzen Dir nach, schnell, fliehe, bring Dich in Sicherheit und bedenke zuweilen, wie schön es ist, noch vor dem Tod des Lebens Vollendung zu erreichen und dann den Rest seiner Tage ohne Sorgen zu erwarten und im Besitz des wahren Glücks, dem durch die Länge der Zeit nichts mehr zuwächst.

Wann wirst Du endlich überzeugt sein, daß die Zeit nichts für Dich bedeutet, wann wirst Du in völligem Selbstgenügen ruhig und heiter leben, ohne Dich um den morgigen Tag zu kümmern?

Du begehrst zu wissen, was die Menschen so sehr nach dem Künftigen trachten läßt? Nun, keiner findet eben an sich selbst Genüge.

Deine Eltern haben ganz anderes für Dich gewünscht, aber wünsche Dir, Du wollest all das verachten können, was sie für Dich erflehten. Ihre Wünsche wollen Dich auf Kosten vieler bereichern. Ich aber wünsche, Du möchtest selbst über Dich verfügen können, damit Dein von schweifenden Gedanken beunruhigter Geist endlich einmal Ruhe finde und Sicherheit; daß er Gefallen habe an sich selbst, daß er die echten Werte erkenne, die einem gehören, sobald man sie erfaßt hat, und daß er eines Zuwachses an Jahren nicht mehr bedürfe.

Erst der ist erhaben über alle Lebensbedürfnisse, erst der ist frei und aller Knechtschaft ledig, der sein Lebenswerk abgeschlossen hat, sein Leben aber weiterführt. Lebe wohl!

Die Tugend ist das höchste Gut

(ep. 71)

Bisweilen fragst Du mich über Einzelheiten um Rat, ohne zu bedenken, daß ein weites Meer zwischen uns liegt. Da nun ein guter Rat größtenteils davon abhängt, ob er auch zur rechten Zeit gegeben wird, so muß es wohl geschehen, daß Du meine Ansicht erst in dem Augenblick erfährst, wo die entgegengesetzte Meinung schon mehr Berechtigung hätte. Denn unsere Verhältnisse sind im Fluß, ja sie wechseln ständig, so daß auch ein Rat den Bedürfnissen des Tages Rechnung tragen muß; ja, dies ist fast schon zu wenig, er sollte, wie man sagt, aus dem Handgelenk entstehen. Wie man einen solchen Rat aber findet, das will ich Dir zeigen.

Sooft Du wissen willst, was Du lassen oder was Du erstreben sollst, richte Deinen Blick nur auf das höchste Gut, auf den Endzweck des Lebens! Damit muß alles übereinstimmen, was wir tun. Niemand wird im einzelnen richtig verfahren, wenn er sich nicht schon über sein höchstes Ziel klargeworden ist. Niemand wird, auch wenn er alle Farben bereithält, ein getreues Abbild zustande bringen, wenn er den Gegenstand, den er darstellen will, noch nicht kennt. Deshalb machen wir Fehler, weil wir alle nur über Einzelheiten des Lebens nachsinnen, statt über das Leben in seiner Gesamtheit. Wer einen Pfeil abschießen will, muß sein Ziel kennen und dann das Geschoß entsprechend mit der Hand lenken. Unsere Überlegungen aber gehen in die Irre, weil sie kein bestimmtes Ziel haben. Wer nicht weiß, welchen Hafen er ansteuern will, für den gibt es auch keinen günstigen Fahrwind. So spielt natürlich der Zufall in unserem Leben eine wichtige Rolle, da wir aus dem Zufall leben. Es gibt aber auch Menschen, die sich dessen gar nicht bewußt sind, daß sie etwas wissen! Wie wir oft diejenigen suchen, neben denen wir gerade stehen, so haben wir meistens keine Ahnung davon, daß wir unmittelbar vor dem höchsten Ziel stehen. Du brauchst weder mit vielen Worten noch mit langen Umschweifen zu umschreiben, was das höchste Gut ist. Mit dem Finger kann ich es Dir sozusagen weisen. Man muß nur hindeuten und braucht es nicht erst in seine feinsten Teilchen aufzulösen. Denn wozu sollte dies schon dienen, da man doch einfach sagen kann: Das *höchste* Gut ist das Sittlichgute; ja worüber Du noch mehr staunen wirst, das *einzige* Gut ist das Sittlichgute, und alles übrige sind nur falsche, unechte Güter.

Hast Du Dich einmal davon überzeugt und hast Du Dich in die Tugend verliebt – denn sie zu lieben wäre zuwenig –, so wird alles, was Du im Bunde mit ihr erlebst, wie immer es anderen erscheinen mag, glückhaft sein; selbst die Folter wird erträglich, ja sie wandelt sich in ein Gutes, wenn Du darüber erhaben bist; genauso jede Krankheit, sofern Du Dein Schicksal nicht verfluchst und Deiner Erkrankung nicht nachgibst, kurz, alles wandelt sich so, was anderen als Übel erscheint.

Doch darüber sei Dir klar, daß es kein anderes Gut gibt als das Sittlichgute, und alles Widrige wird man mit vollem Recht als ein Gut bezeichnen dürfen, sobald die Tugend es mit Sittlichkeit geadelt hat. Viele glauben, unser Versprechen übersteige die Möglichkeiten der menschlichen Natur; dies erklärt sich daraus, daß sie nur den Körper als Maßstab nehmen. Sobald sie sich an den Geist halten, werden sie in Gott das Maß für den Menschen sehen.

Wohlan, mein Lucilius, edelster der Männer, verlasse jene philosophische Kinderschule, wo man den erhabensten Dingen silbenweise beizukommen sucht, wo man den Geist herabstimmt und schwächt, indem man sich mit kleinlichen Dingen herumschlägt! Bilde Dich nach denen, die die Philosophie ergründet haben, nicht nach denen, die sie zum Gegenstand ihres Lehrens machen und sich bemühen, daß sie schwierig erscheine – statt erhaben!

Sokrates, der die ganze Philosophie auf die Ethik beschränkte und im Unterscheiden von Gut und Böse ihre höchste Aufgabe sah, sagte einmal: »Wenn ich dir etwas bedeute, dann strebe nach dem Sittlichguten, damit du glücklich seist, und laß es ruhig geschehen, daß dich mancher für einen Toren hält! Mag dich schmähen und kränken wer will, du wirst dabei nichts erleiden, sofern die Tugend mit dir ist.« »Willst du«, so sagte er ferner, »ein wirklich glücklicher Mensch sein, ein wahrhaft guter, so laß dich ruhig dann und wann verachten!« Das bringt aber nur fertig, wer alle Güter für gleich ansieht, weil es kein Gut ohne das Sittlichgute gibt, und weil dieses in allen Gütern in gleichem Maße enthalten ist.

»So war es also gleich, ob Cato die Prätur bekam oder durchfiel, und ob er bei Pharsalus siegte oder unterlag? Und daß er nach der Niederlage seiner Partei sich selbst nicht unterkriegen ließ, wiegt so viel, wie wenn er als Sieger heimgekehrt wäre und den Frieden gebracht hätte?« Natürlich ist es so! Denn durch die gleiche Tugend wird sowohl das Unglück überwunden wie das Glück in die rechte Bahn gelenkt. Die Tugend aber läßt sich nicht vergrößern und nicht verkleinern, sie ändert ihren Umfang nicht.

»Aber Cn. Pompejus wird sein Heer verlieren; und jene Zier des Staates, der Adel, und die vorderste Reihe des pompejanischen Heeres, der bewaffnete Senat – sie werden in einer einzigen Schlacht zu Boden sinken, und der Zusammenbruch des gewaltigen Reiches wird den ganzen Erdkreis mit sich reißen; teils wird es in Ägypten, teils in Afrika oder Spanien auseinanderbrechen ... nicht einmal das eine Glück soll die arme Republik erfahren, daß sie in *einem* Sturz ihr Ende finden darf ...«

Mag alles so kommen; mag dem Juba die genaue Ortskenntnis in seinem Reiche so wenig helfen wie die unerschütterlichste Treue seiner Landsleute für ihren König; mag auch die schwergeprüfte Treue Uticas ins Wanken geraten und mag den Scipio auf Afrikas Boden das Glück seines Namens verlassen: Längst ist gesorgt, daß dem Cato kein Haar gekrümmt wird. »Aber er wurde doch besiegt?« Zähle auch dies zu Catos fehlgeschlagenen Hoffnungen; er weiß es ebenso tapfer zu tragen, daß ihm der Sieg nicht vergönnt war wie die Prätur. Am Tage seiner mißglückten Kandidatur gab er sich dem Spiele hin, und in der Nacht, da er sterben sollte, griff er zu den Büchern. Ihm galt es gleichviel, der Prätur wie dem Leben zu entsagen; für ihn stand es fest, daß man alles ertragen muß, was immer sich ereignen mag. Und warum hätte er die Umwandlung des Staates nicht tapfer und gleichmütig hinnehmen sollen?

Was ist denn nicht der Gefahr des Wechsels unterworfen? Die Erde nicht, der Himmel nicht, nicht dieses ganze Gebäude der Schöpfung, obgleich es Gottes Führung untersteht; nicht ewig wird es in seiner Ordnung verharren; es kommt der Tag, da auch der Ablauf dieser Ordnung gestört wird. Alles verläuft nach einem bestimmten Zyklus; es muß entstehen, wachsen und vergehen. Alle Himmelskörper, die Du über uns ihre Bahn ziehen siehst, auch der, inmitten dessen und auf dem wir leben, als befänden wir uns auf ganz festem Grund – allen erfüllt sich ihre Zeit, und sie werden dahingehen. Jedes Ding hat sein Greisenalter;

und ist auch die Dauer verschieden, so führt doch die Natur alles ans gleiche Ziel. Alles, was ist, wird dereinst nicht mehr sein; es wird aber auch nicht vergehen, sondern es wird sich auflösen.
Für uns bedeutet diese Auflösung soviel wie untergehen. Denn unser Auge erfaßt nur das Nächste; darüber hinaus reicht unser kümmerlicher Geist nicht, der sich ganz dem Körper zugetan hat. Sonst würde er nämlich sein eigenes Vergehen – wie das der Seinigen – standhafter hinnehmen, wenn er hoffte, daß all dies im Rhythmus von Leben und Tod seine Phasen durchlaufe, daß sich das Verbundene löse und das Gelöste wieder verbinde und daß sich darin das ewige Walten der alles ordnenden Gottheit bekunde. Daher wird er mit Cato, wenn er mit seinem geistigen Auge den Ablauf der Zeit verfolgte, sagen: »Das ganze Menschengeschlecht, das gegenwärtige wie das künftige, ist dem Tode verfallen. Alle Städte, wo immer sie zur Macht kommen und gewaltige Reiche zieren, werden dereinst verschwinden, so oder so, und man wird den Ort suchen müssen, wo sie standen. Manche werden dem Krieg zum Opfer fallen, andere wird die Untätigkeit verzehren und ein Friede, der zur Trägheit entartet, und die Üppigkeit, die Todfeindin alles Großen. Alle diese furchtbaren Gefilde wird eine Springflut des Meeres wegspülen, oder ein Erdbeben wird sie jäh in einem Abgrund verschwinden lassen.«
Wie sollte ich also unmutig werden, oder gar traurig, wenn ich dem allgemeinen Untergang um weniges

vorangehe? Ein großer Geist muß sich der Gottheit fügen und alles ohne Zögern hinnehmen, was das Gesetz des Alls gebietet. Er wird ja entweder in ein besseres Leben entlassen, auf daß er im Bereich des Göttlichen ein lichtvolleres und ruhigeres Dasein führe, oder er wird bestimmt ohne jegliches Ungemach weiterbestehen, wenn er sich wieder mit der Natur verbindet und in das All zurückkehrt.

So ist also Catos ehrenhaftes Leben kein größeres Gut als sein ehrenhaftes Sterben, da sich die Tugend nicht vergrößern läßt. Sokrates sagte, mit der Tugend sei es so wie mit der Wahrheit: Wie diese nicht wachsen kann, sowenig kann es auch die Tugend; sie hat ihr eigenes Maß und ist in sich vollendet.

Du hast also keinen Grund, Dich zu wundern, daß die Güter gleich sind, sowohl die, die wir uns absichtlich aneignen, wie auch die, welche uns zufällig zuteil werden. Denn nimmst Du an, sie seien ungleich, so wirst Du, falls Du den Mut bei der Folter etwa einmal geringer einschätztest, ihn sogar unter die Übel rechnen und wirst den Sokrates in seinem Kerker unglücklich nennen, ebenso den Cato, der die Wunde, die er sich versetzt hatte, noch entschlossener ein zweites Mal wieder aufriß, und für den Unglücklichsten hältst Du dann Regulus, der für seine sogar dem Feinde bewahrte Treue bestraft wurde. Und dennoch wagten nicht einmal die größten Weichlinge dies zu behaupten, denn sie bestreiten zwar, daß er glücklich, aber auch, daß er bedauernswert sei. Die Anfänger der alten

Akademie räumen ein, man könne zwar unter derlei Martern glücklich sein, jedoch nicht in vollem Umfang; diese Ansicht ist jedoch abzulehnen.
Wer nicht glücklich ist, ist nicht im Genuß des höchsten Gutes. Das höchste Gut kennt keine Steigerung, sofern ihm die Tugend innewohnt und sie nichts schwächt, was ihr widerstrebt, d. h. wenn sie auch unter körperlichen Qualen ungebrochen bleibt – und sie bleibt es auch! Ich spreche hier nämlich von jener Tugend, die den Menschen mutig macht und ihn aufrichtet, die durch alle Anfechtungen nur noch weiterwächst. Diesen Geist aber, der oft Jünglinge von edler Sinnesart überkommt, wenn sie von der Schönheit irgendeines Ideals so ergriffen sind, daß sie alles Zufällige mißachten – diesen Geist wird die Weisheit uns einflößen und mitteilen; und sie wird uns verstehen lehren, daß das Sittlichgute das einzige Gut ist, da es weder schwinden noch wachsen kann, sowenig wie man ein Lineal biegen kann, das die Gerade festlegen soll; jede Veränderung an ihm würde die Gerade verletzen. Genauso steht es mit der Tugend: Auch sie ist eine Gerade, die sich nicht biegen läßt; man kann sie weder härten noch steigern. Die Tugend ist ein absoluter Maßstab für alles. Läßt sie sich aber selbst nicht mehr gerader machen, als sie ist, so kann es auch unter den von ihr bewirkten Handlungen keinen Unterschied geben hinsichtlich ihrer »Geradheit«; denn alles muß ihr entsprechen und ist deshalb mit ihr gleich.
Nun fragst Du, ob es folglich dasselbe sei, bei einem

Gastmahl zu liegen oder sich etwa foltern zu lassen. Das scheint Dir merkwürdig? Nun, darüber magst Du Dich noch mehr wundern, wenn ich Dir sage: Bei einem Gastmahl zu liegen, ist ein Übel, wenn es auf schimpfliche Weise geschieht – sich martern zu lassen, ist aber ein Gut, wenn es im Geiste der Tugend vor sich geht. Nicht auf das Äußere einer Handlung kommt es an, sondern auf die Beteiligung der Tugend – davon hängt es ab, ob etwas ein Gut oder ein Übel ist. Sobald die Tugend beteiligt ist, hat alles gleiche Größe und gleichen Wert.

Da will mir nun einer die Augen auskratzen, der die Gesinnung aller nach seiner eigenen beurteilt, weil ich etwa behaupte, ein tugendhafter Richter sei soviel wert wie ein tugendhafter Angeklagter, oder ein Triumphator stehe in seinem wahren Wert nicht über dem, der ungebrochenen Geistes als Besiegter seinem Wagen vorangeht. Solche Leute meinen nämlich, was sie nicht fertigbrächten, könne niemals geschehen, und sie beurteilen die Tugend nach ihrer eigenen Schwäche.

Was findest Du Wunderliches dabei, wenn einer Gefallen daran hat, ja bisweilen sogar einverstanden ist, daß man ihn brenne, verwunde, feßle, ja töte? Für den Schwelger ist Mäßigkeit schon eine Strafe; dem Faulen gilt die Arbeit schon als Todesstrafe, dem Verzärtelten jede Anstrengung schon als Katastrophe, dem Trägen bedeutet jede Mühe eine Marter. Und genauso halten wir alles, wozu wir zu schwach sind, für hart und untragbar und vergessen, wie viele schon wie unter einer Folter stöhnen, wenn sie auf Wein verzichten müssen oder wenn man sie schon bei Sonnenaufgang weckt. Solche Dinge sind aber nicht von Natur aus schwer, sondern wir sind kraftlos und entnervt. Große Dinge darf man nicht mit einem kleinlichen Geist beurteilen, sonst übertragen wir auf sie unsere eigene Unzulänglichkeit.

So erscheint ja auch etwas durchaus Gerades krumm und gebrochen, sobald man es ins Wasser hält. Es kommt also nicht nur darauf an, was man sieht, sondern wie man es sieht; unser Geist ist zu sehr in Nebel gehüllt, um die Wahrheit zu schauen. Stelle Dir einen unverdorbenen jungen Mann vor von aufgeschlossenem Geist; er wird sagen, daß ihm der Mensch glücklicher erscheine, der alle Lasten eines widrigen Schicksals mit starkem Nacken erträgt und über sein Schicksal erhaben ist. Es ist nichts Besonderes dabei, inmitten ruhiger Verhältnisse die Ruhe zu bewahren; es verdient aber Bewunderung, wenn einer sich aufzurichten vermag, wo alle niedergeschlagen sind, wenn er steht, wo alle am Boden liegen. Was ist denn eigentlich Übles an Martern und allem, was wir als widrig bezeichnen? Ich glaube, es ist dies, daß der Geist darunter leidet, daß er sich beugen und überwältigen läßt. Nichts davon kann aber einem Weisen passieren. Er steht aufrecht unter einer jeden Last; nichts von all dem, was ihm zugemutet wird, macht ihn betroffen. Denn er klagt nicht darüber, daß über ihn kam, was über einen jeden Menschen kommen kann. Er kennt seine Kräfte und weiß, daß er geboren ist, um Lasten auf sich zu nehmen.

Ich nehme den Weisen nicht aus der Zahl der Menschen heraus und behaupte nicht, er spüre so wenig einen Schmerz wie ein gefühlloser Stein; ich weiß sehr wohl, daß er aus zwei Teilen besteht, deren einer vernunftlos ist und Bisse und Feuer spürt und Schmerz empfindet; der andere aber besitzt Vernunft und hat unerschütterliche Ansichten, ist frei von Furcht und läßt sich nicht zu Boden zwingen. In ihm ruht jenes höchste Gut der Menschen. Bevor es vollendet ist, schwankt der Sinn unstet hin und her; sobald es aber zur Vollendung gelangt ist, herrscht eine unerschütterliche und sichere Festigkeit.

Wer daher erst begonnen hat, sich der Tugend verehrend zu nahen, wer noch im Fortschreiten zum Höchsten erst begriffen ist – mag er dem höchstvollendeten Gute auch schon nahe sein, den letzten Schritt zu ihr hat er noch nicht getan. Bisweilen wird er sogar einen Schritt zurück tun und wird in der Anspannung seines Geistes etwas nachlassen; denn er ist ja noch im Ungewissen befangen und bewegt sich noch immer auf schlüpfrigem Boden. Der Glückliche aber, dessen Tugend vollendet ist, ist dann mit sich am besten zufrieden, wenn er gar mutig die Probe bestanden hat und das, was anderen furchtbar erscheint, nicht nur zu tragen weiß, sondern es geradezu begehrt, wenn es der Preis irgendeiner sittlichen Pflicht ist; und er will über sich lieber sagen hören: »Er ist um soviel besser« als »er ist um soviel glücklicher«.

Nun komme ich zu dem Punkt, wohin mich Deine Erwartung drängt: Daß es nicht so scheine, als bewege sich die Tugend außerhalb der Natur der Dinge, so behaupte ich, daß der Weise zittere, Schmerz empfinde und vor Schreck erbleiche. Denn all das sind ja körperliche Empfindungen. Wo also hat das Unglück seinen Anfang? Wo ist denn jenes wirkliche Übel zu suchen? Nun, dort eben, wo jene Empfindungen den Geist erniedrigen, wo sie ihn zum Geständnis seiner Knechtsnatur zwingen und ihm Unbehagen über sich selbst verursachen.

Der Weise dagegen meistert sein Schicksal vermittels der Tugend ... »Und doch«, so wendet man ein, »haben sich viele, die sich zur Weisheit bekennen, bisweilen durch die kümmerlichsten Drohungen in Unruhe versetzen lassen.« Hier liegt aber der Fehler auf unserer Seite, da wir von einem Anfänger das gleiche erwarten wie von einem vollendeten Weisen. Ich bin immer noch in dem Zustand, wo ich mich zu dem überrede, was ich als löblich ansehe, wo mir dies aber noch nicht völlig gelungen ist. Und wenn es mir gelungen wäre, so stünde es mir noch nicht in dem Maße zu Gebote, und ich wäre darin noch nicht so geübt, daß ich es in jedem Falle sicher anwenden könnte.

Wie die Wolle gewisse Farben gleich aufs erstemal annimmt, während sie für andere Farben zuerst gewalkt und gekocht werden muß, so verhält sich auch der Geist anders, sobald er die Weisheit in sich aufgenommen hat; diese erfüllt keine der auf sie gesetzten Erwartungen, wenn sie nicht ganz tief eingedrungen ist, wenn sie sich nicht seit langem eingenistet hat und wenn sie den Geist nur oberflächlich benetzte, statt ihn durch und durch zu tränken.

All dies läßt sich rasch mit ganz kurzen Worten zur Lehre formen: Das einzige Gut ist die Tugend; jedenfalls gibt es keines ohne sie; und diese Tugend hat ihren Sitz in unserem besseren Teil, das heißt, im Bereich der Vernunft. Was nun aber ist denn diese Tugend? Ein wahres und unabänderliches Urteil; denn daraus kommen alle Willensregungen, und von ihm wird jedes den Willen bestimmende Wunschbild zu letzter Klärung gebracht.

Entsprechend diesem Urteil wird man alle Dinge, die aus guter Gesinnung entspringen, für gut und einander gleichwertig ansehen müssen. Körperliche Güter sind zwar für den Körper gut, im ganzen jedoch sind sie es nicht. Es wird ihnen wohl ein gewisser Wert zukommen, aber keine Würde. Sie werden untereinander sehr verschieden sein, es wird kleinere und größere geben. Wir werden auch einräumen müssen, daß es unter den Jüngern der Weisheit große Unterschiede gibt. Der eine ist bereits soweit, daß er dem Schicksal frei ins Auge zu blicken wagt, freilich noch nicht unverwandt, denn der allzu große Glanz blendet ihn noch; ein anderer vermag bereits Aug in Aug mit ihm zu

verharren, denn er hat ja schon das Höchste erreicht und kann sich völlig vertrauen.
Was noch unvollkommen ist, muß notwendigerweise schwanken und bald einen Schritt vorwärts tun, bald straucheln und fallen, und zwar dann, wenn es nicht beharrlich nach vorwärts drängt.
Wer in seinem Streben und in seinem treuen Bemühen auch nur ein wenig nachläßt, muß zurückfallen. Niemand kommt an der Stelle vorwärts, wo er sein Bemühen aufgegeben hat.
Wollen wir also stark und beharrlich unseren Weg gehen! Ein größeres Stück, als wir es hinter uns haben, liegt noch vor uns; aber der Wille zum Fortschritt ist schon ein guter Teil des Fortschritts selbst.
Darüber bin ich mir völlig klar: Ich will, und zwar will ich von ganzem Herzen. Ich sehe aber, daß auch Du von diesem Willen gepackt bist und mit großem Anlauf Deinen Idealen zueilst. Ja, wir wollen es eilig haben. Denn so erst wird für uns das Leben ein Wert, während es im anderen Falle, wenn wir dem Bösen verhaftet bleiben, nur ein wertloses, ja schnödes Verweilen auf Erden bedeutet.
Wollen wir darnach streben, daß die Lebenszeit ganz uns gehöre? Sie wird es aber nicht, wenn wir nicht zuvor beginnen, uns selbst zu gehören.
Wann wird es uns gelingen, all unseren Leidenschaften Herr zu werden, sie unter unseren Willen zu zwingen und dann ausrufen zu können: Der Sieg ist unser!? Du fragst, worüber dieser Sieg errungen sein soll?

Nun, nicht über die Perser, auch nicht über die fernen Mederstämme und was sonst noch an kriegerischen Völkern jenseits der Daker wohnt, sondern über die Habsucht, über den Ehrgeiz, über die Todesfurcht, die sogar über die Besieger der Völker triumphiert! Lebe wohl!

Von der Natur der Seele

(ep. 57)

Als ich an die Rückreise von Bajä nach Neapel denken mußte, ließ ich mich leicht davon überzeugen, daß ein stürmisches Wetter herrsche, um nicht wieder zu einer Seereise gezwungen zu sein; aber die Straßen waren überall so verschlammt, daß ich den Eindruck gewinnen konnte, als reiste ich wieder zur See. An diesem Tag traf mich ganz und gar das Schicksal des Athleten: Nach der Salbe bekam ich es mit dem Staube zu tun, nämlich im Tunnel von Posilippo. Nichts ist länger als dieser Kerker, nichts dunkler als seine »Beleuchtung«, die nicht etwa dazu dient, in der Finsternis zu sehen, sondern um diese selbst erst wahrzunehmen. Freilich, hätte dieser verdammte Raum ein Licht, so würde es der Staub unwirksam machen, der schon im Freien so unangenehm und beschwerlich ist, gar nicht zu reden von hier, wo er sich verdichtet und, von jedem Luftzug abgeschnitten, auf die selbst wieder zurückfällt, die ihn aufwühlten.

So haben wir also mit zwei einander entgegengesetzten Schwierigkeiten auf einmal fertig werden müssen, indem wir auf dem gleichen Weg und noch am gleichen Tag Schlamm und Staub zugleich zu bestehen hatten. Gleichwohl gab mir jene Dunkelheit einigen Anlaß zum Nachdenken. Ich spürte nämlich eine gewisse Betroffenheit und, ohne daß ich mich fürchtete, eine innere Veränderung als Folge der ungewohnten und auch unangenehmen Situation.

Aber ich will nicht von mir reden, wo mir doch zu einem annehmbaren, geschweige denn vollendeten Menschen noch so viel fehlt, sondern von dem Mann, an dem das Schicksal nichts zu rütteln hat: Auch sein Herz kann erbeben, und auch seine Farbe kann sich ändern. Gewissen Einwirkungen, mein Lucilius, vermag nämlich keine Tugend zu entrinnen; die Natur bringt ihr nämlich ihre Sterblichkeit zum Bewußtsein. So wird eben auch er eine traurige Miene machen, wird bei plötzlichen Ereignissen erschaudern und wird schwindlig werden, wenn er auf steiler Klippe in die darunter befindliche Tiefe blickt. Das ist keine Furcht, sondern eine natürliche und durch Vernunft keineswegs zu beeinflussende Regung. So können ja vielfach tapfere Männer, denen es nicht darauf ankommt, ihr eigenes Blut jeden Augenblick vergießen, kein fremdes Blut sehen. Manche sinken in Ohnmacht, wenn sie eine frische Wunde behandeln und anblicken müssen, oder gar eine alte Wunde, die schon eitert. Es gibt Leute, die lieber den Schwertstreich empfangen, als daß sie dabei zusehen wollten.

Ich empfinde also, wie gesagt, zwar keine Verwirrung, aber doch eine Veränderung. Allein, beim ersten Anblick des wiedergeschenkten Lichts kehrte auch meine

Heiterkeit wieder zurück, und zwar ohne Mitwirken des Denkens oder des Wollens. Da begann ich mit mir selbst Zwiesprache zu halten, wie töricht es sei, daß wir gewisse Dinge mehr, andere aber weniger fürchteten, wo doch das Ende bei jedem das gleiche ist. Denn was verschlägt es schon, ob über einem ein Wächterhäuschen oder ein Berg zusammenbricht? Es macht keinen Unterschied! Dennoch aber werden sich manche vor dem Bergsturz mehr fürchten, obgleich beide Vorgänge tödlich wirken. So sehr achtet die Furcht nicht auf die Wirkung, sondern auf deren Ursache.

Nun glaubst Du wohl, ich spielte damit auf die Stoiker an, nach denen die Seele eines von einer gewaltigen Masse zermalmten Menschen nicht fortdauern kann und sich sofort auflöse, da sie keine Möglichkeit gehabt habe, den Körper zu verlassen. Weit gefehlt! Wer solches behauptet, scheint mir schlecht beraten. Wie eine Flamme sich nicht niederdrücken läßt, da sie um den Gegenstand herum ausweicht, der sie niederdrücken soll, so, wie sich auch die Luft durch einen Wurf oder einen Schlag nicht verletzen läßt, ja nicht einmal geteilt wird, sondern um den Gegenstand herumgleitet, vor dem sie weichen mußte – genauso läßt sich auch die Seele, die aus dem allerfeinsten Stoffe besteht, nicht festhalten oder gar innerhalb des Körpers zerquetschen, sondern dank ihrer zarten Stofflichkeit vermag sie sich durch das hindurchzuzwängen, was auf sie drückt. Wie der Blitz, mag er alles weit umher erbeben und aufleuchten lassen, durch eine winzige Öffnung entweicht, so vermag auch die Seele, die noch feiner ist als das Feuer, aus jedem Körper zu entkommen. Somit geht die Frage nur darum, ob sie unsterblich sein kann.

Gewiß ist jedenfalls das eine: Wenn sie den Körper überlebt, so kann sie auf keine Weise mehr vernichtet werden, da sie mit dem Untergang nichts mehr zu tun hat; was einmal den Untergang überdauert hat, bleibt ohne Ausnahme erhalten, und nichts vermag an dem zu rütteln, was für die Ewigkeit ist. Lebe wohl!

Von der Musse
(De otio)

Das Leben in der großen Welt gibt einen guten Nährboden für das Laster ab, weil alles darauf abgestimmt ist. Selbst wenn wir nichts anderes erstreben, als was uns zuträglich ist, ist es dennoch vorteilhafter, sich aus eigenem Entschluß zurückzuziehen. Wir werden bessere Menschen sein, wenn wir nicht in der großen Masse leben. Wir könnten uns dann eben zu den besten Männern gesellen, können irgendein Muster auswählen, nach dem wir unser Leben zu gestalten gedenken. Solches aber ist nur denkbar, wenn wir uns von den Geschäften zurückziehen. Dann kann man nämlich bei dem bleiben, was man einmal als gut erkannt hat, wenn niemand dazwischentritt, der die bislang vielleicht noch schwache Überzeugung mit Hilfe der großen Menge von ihrem Standpunkt zu verrücken vermag. Dann kann das Leben in einem besseren Gleichmaß und ohne einschneidende Änderungen seinen Gang gehen, während es im andern Falle durch verschiedenerlei Zielrichtungen in Zwiespalt gebracht wird. Denn das weitaus Schlimmste ist doch dies, daß wir unter unseren Fehlern selbst abwechseln, das heißt, daß es uns nicht einmal gelingen will, bei einem Fehler zu verharren, der sich bei uns bereits eingenistet hat. Einmal will uns dies gefallen, ein andermal jenes, und es macht uns auch besondere Beschwer, daß wir nicht nur falschen Grundsätzen huldigen, sondern daß diese Grundsätze eben nicht unverrückbar sind.

Wir gleichen den Wellen, in denen wir immer wieder ein anderes nach oben heben und wieder fallenlassen, was wir erst erstrebten, um dann das Preisgegebene wieder aufs neue zu suchen, das heißt, Begierde und Reue stehen bei uns in ständigem Wechsel. Wir sind nämlich ganz und gar vom Urteil unserer Mitmenschen abhängig, und am besten dünkt uns, was die meisten Worte des Lobes findet, wonach die meisten streben, aber nicht das, was wirklich lobenswert und erstrebenswert ist. Und einen Weg erachten wir nicht um seiner selbst willen für gut oder für schlecht, sondern die Menge der Fußspuren gibt uns den Maßstab ab, von denen freilich keine einzige zurückführt.

Nun wirst du sagen: »Seneca, was soll das? Wirst du deiner eigenen Schule untreu? Sind es doch unsere Leute, die Stoiker, die da sagen: Bis zum letzten Atemzug sollen wir tätig sein; niemals wollen wir aufhören, uns für das gemeinsame Wohl zu opfern, jedermann zu helfen und sogar unseren Feinden noch mit gebrechlicher Hand einen Dienst zu tun. Wir sind es ja, die keinem Lebensalter die Untätigkeit gestatten und die, wie jener so feinsinnige Dichter sagt, noch ›das Greisenhaupt unter die Last des Kriegshelms drücken‹ [Vergil, Aeneis, IX 612]. Wir sind es, bei denen vor dem Tod die Untätigkeit in so geringem Ansehen steht, daß möglichst sogar der Tod selbst noch eine Tätigkeit darstellen soll. Wie kannst du uns mitten in die Lehre

Zenons epikureische Anschauungen hineinbringen? Gefällt es dir nicht mehr bei uns, dann geh doch lieber offen zu den anderen über, statt daß du Verrat treibst!«
Zunächst kann ich dir darauf nur sagen: Willst du noch mehr, als daß ich mich meinen Vorbildern angleiche? Ich will doch den Weg gehen, auf dem sie mir vorangegangen sind, nicht nur den, den sie mir gewiesen!

Nun will ich dir beweisen, daß ich damit keineswegs die Grundsätze der stoischen Lehre preisgebe; denn auch die Stoiker selbst haben sie nicht preisgegeben, und dennoch wäre ich nun reichlich entschuldigt, folgte ich wohl nicht ihren Lehren, aber doch ihren Beispielen. Was ich dazu zu sagen habe, will ich in zwei Abschnitte gliedern: Erstens, daß man sich schon von frühester Jugend an gänzlich der Betrachtung der Wahrheit verschreiben kann, daß man sich Lebensweisheit aneignen und sie in die Tat umsetzen kann, indem man sich zurückzieht. Zweitens, daß man das gleiche mit vollem Recht tun kann, wenn man seine Aufgaben hinter sich gebracht hat und schon dem Lebensende näherrückt, das heißt, daß man sich auf andere Tätigkeiten geistig umstellen kann, so wie auch die Vestalinnen, die ihre Funktionen auf das jeweilige Lebensalter abstellen, indem sie zuerst den heiligen Dienst erlernen und dann ihr Wissen wieder lehrend weitergeben.

Ich werde zeigen, daß dies auch der Lehre der Stoiker entspricht, nicht als ob ich es mir zum Gesetz gemacht hätte, nichts gegen die Lehre des Zenon oder des Chrysipp zu sagen, sondern weil es die Sache selbst erlaubt, ihrer Meinung beizupflichten; denn wollte sich jemand immer nur der Meinung eines einzigen anschließen, so würde dies nicht der Gepflogenheit des Senats, sondern dem entsprechen, was in einer Partei üblich ist. Ich wollte, man hätte alles schon fest in den Händen und die Wahrheit zeigte sich uns offen und unverhüllt und wir brauchten dann nichts an unseren Grundsätzen zu ändern! Nun aber ist es doch so, daß wir nach der Wahrheit ebenso suchen müssen wie nach denen, die sie uns lehren können.
Zwei Richtungen stehen hier hauptsächlich einander gegenüber, nämlich die Epikureer und die Stoiker. Jede aber will uns zur Muße weisen, nur jeweils auf einem anderen Weg. Epikur sagt: »Der Weise hält sich vom Staatsdienst fern, es sei denn, daß besondere Umstände obwalten.« Zenon sagt: »Der Weise wird sich stets dem Staatsdienst zur Verfügung stellen, wenn keine besonderen Hindernisse dagegen sprechen.« Der eine will Muße aus *Grundsatz*, der andere nach *Umständen*. Diese Umstände stellen einen sehr dehnbaren Begriff dar. Ist der Staat allzu zerrüttet, als daß man ihm noch helfen könnte, haben ihn die schlechten Elemente in ihren Händen, dann wird sich der Weise nicht in ein vergebliches Bemühen einlassen; er wird sich nicht in die Schanze schlagen, wo es

keinen Wert hat, wenn er nicht über ausreichendes Ansehen und hinlängliche Kraft verfügt. Ja, der Staat wird seinen Dienst gar nicht annehmen, wenn gesundheitliche Gründe dagegen sprechen. Wie ein kranker Mann nicht ein Schiff, das ein Leck hatte, wieder über den Stapel ziehen könnte, wie er sich auch nicht in die Kriegerliste aufnehmen ließe, so wird er sich auch nicht auf eine Lebensführung einlassen, die ihm, wie er weiß, unbekömmlich ist. Und so kann er sich auch, nachdem ihm bislang kein Haar gekrümmt ist, noch bevor er irgendeinem Sturm ausgesetzt war, in Sicherheit bringen und kann sich sogleich mit den schönen Dingen befassen und sich jener beglückenden Muße hingeben als ein Verehrer der Tugenden, die sich auch in den ruhigsten Verhältnissen üben lassen. Das ist es nämlich, was vom Menschen gefordert wird, daß er, falls es möglich ist, vielen Menschen nütze oder doch einigen wenigen, und wenn dies nicht möglich ist, dann seinem Nächsten, und falls dies nicht geht, wenigstens sich selber. Erweist er sich nämlich seinen Mitmenschen nützlich, dann vertritt er die Sache der Gesamtheit. Wie einer, der mit sich selbst schlecht umgeht, nicht nur sich selbst schadet, sondern auch jenen, denen er genützt hätte, wenn er an sich selber zum Besseren hin gearbeitet hätte, genauso ist einer, der es gut mit sich selber meint, auch den anderen nützlich, und zwar eben dadurch, daß er sich anschickt, ihnen zu nützen.

Stellen wir uns zwei Staatswesen vor, das eine groß und wirklich die Allgemeinheit umfassend, welches Götter und Menschen einschließt, ein Staatswesen, bei dem wir nicht den einen oder anderen Fleck Boden im Auge haben, sondern wo wir die Grenzen des Staats mit dem Maßstab des Sonnenumlaufs messen; das andere, dem uns das Geschick unserer Geburt als Bürger zugewiesen hat, mag es sich dabei um Athen oder um Karthago handeln oder um irgendeine andere Stadt, der nicht alle Menschen angehören, sondern eben nur eine gewisse Gruppe. Es gibt welche, die gleichzeitig beiden Staatswesen zugetan sind, dem kleinen und dem großen; einige wieder befassen sich ausschließlich mit dem großen, einige ausschließlich mit dem kleinen.

Dem großen Staatswesen können wir auch dann dienen, wenn wir uns von Geschäften frei halten, ja, ich glaube sogar besser, wenn wir uns nämlich mit der Frage befassen können, was das Wesen der Tugend sei, ob es nur eine einzige Tugend gebe oder deren mehrere; ob die Natur oder belehrende Einwirkung die Menschen gut machen könne; ob das, was man sich unter den Meeren und Ländern insgesamt vorzustellen hat, und das, was sich in den Meeren und in den Ländern befindet, ein einziges Ganzes sei oder ob die Gottheit mehrere solche Weltkörper verteilt habe; ob der Stoff, aus dem alles entsteht, gänzlich in sich verbunden und ausgefüllt sei oder ob es darin Trennungserscheinungen gebe, ob das Feste im Wechsel stehe mit dem Leeren; was für ein Wesen die Gottheit darstelle; ob sie in Muße von außen ihr Werk betrachte oder ob sie es ist, die es in Bewegung hält? Ob sie von außen um ihr Werk herumschwebe oder ob sie dem Ganzen innewohne; ob die Welt unvergänglich sei oder ob man sie unter das Vergängliche rechnen müsse, was der Zeit verhaftet ist. Wer solche Betrachtungen anstellt, was tut er der Gottheit für einen Dienst? Nun, eben den, daß ihre herrlichen Werke nicht des Zeugen entbehren müssen!

Wir pflegen zu sagen, das höchste Gut bestehe darin, daß man der Natur gemäß lebe. Die Natur aber hat uns für beides geboren, für das schauende Betrachten wie für das Handeln. Wollen wir uns zuvörderst mit dem ersten befassen! Wie? Ist das nicht schon bewiesen, wenn nur ein jeder sich selbst befragt, wie groß der Trieb in ihm ist, das Ungeschaute zu schauen, zu erkennen, oder wie jede sagenhafte Erzählung ihn in Spannung zu versetzen vermag? Es gibt Leute, die das Meer befahren und die Mühen der weitesten Reisen auf sich nehmen um den einzigen Gewinn, daß sie verborgene und weit entfernte Zustände kennenlernen. Das ist der Grund, der die Volksmassen zu Schauspielen zusammenströmen läßt, der uns geradezu zwingt, was verschlossen ist, zu durchwühlen, das Geheimnisvolle zu erforschen, Altertümer wieder ans Tageslicht zu bringen und uns von den Sitten und Gebräuchen barbarischer Völker Kunde zu geben.

Ja, die Natur hat uns einen Geist voll Wißbegierde gegeben, und im Wissen um ihren Reichtum an Kunst und Schönheit hat sie uns dazu bestimmt, Zuschauer des großen Weltschauspiels zu sein; denn sie gelangte ja zu keinerlei Genuß ihrer selbst, hätte sie all das Große, Herrliche, so feinsinnig Geordnete, was prachtvoll erglänzt und in so vielfältiger Weise schön ist, hätte sie all das einer Wüstenei zum Genuß dargeboten. Damit du es glaubst, daß sie erkannt sein will, nicht nur gesehen, so bedenke doch, welche Stelle sie uns angewiesen hat! Genau in ihre Mitte hat sie uns gestellt, und sie gab uns so die Möglichkeit, nach allen Seiten freien Blick zu haben. Und nicht nur die aufrechte Haltung hat sie dem Menschen gegeben, sondern, um ihn fähig zu machen zum Betrachten, auf daß er die vom Aufgang zum Untergang sich bewegenden Gestirne verfolgen und sein Auge der Bewegung des Alls folgen könne, hat sie ihm das Haupt nach oben gewendet und auf einem biegsamen Nacken angebracht. Außerdem läßt sie bei Tag und bei Nacht jeweils sechs Sternbilder ihre Bahnen ziehen und macht so ihr Wesen allseits erkennbar, um durch das, was des Menschen Auge wahrnehmen kann, die Wißbegier für das Unschaubare zu erwecken. Denn wir können teils nicht alles sehen, teils können wir es nicht in seiner rechten Größe wahrnehmen, sondern unser Auge muß sich einen Weg suchen und erschließen, um so die Grundlagen der Wahrheit zu legen, damit sich die Forschung von dem, was sich ihr auftut, hinwenden

kann zu dem, was noch dunkel ist, und schließlich etwas findet, was noch älter ist als die Welt selbst.
Von woher diese Gestirne ihren Anfang genommen haben, welches der Zustand des Alls gewesen, bevor sich das einzelne in seine Teile sonderte, welcher Geist das noch nicht zum Licht Gelangte, das Verworrene geordnet hat, wer den Dingen ihren Platz zugewiesen, ob das Schwere sich vermöge seiner eigenen Natur nach unten gesetzt hat, während das Leichte sich nach oben aufgeschwungen hat, oder ob neben dem natürlichen Streben und dem Eigengewicht der Körper noch eine höhere Gewalt den einzelnen Dingen ihr Gesetz diktierte, ob es seine Wahrheit damit habe, was den Hauptbeweis liefern soll für die Entstehung des Menschen aus einem göttlichen Hauch, in der Weise nämlich, daß ein Teil bzw. etwas wie ein Funke aus der Welt der Gestirne auf die Erde herabgesprungen sei und an einem Ort haftengeblieben sei, der eigentlich nicht dafür vorgesehen war! Unser Denken durchbricht die Schutzwehr des Himmels und begnügt sich nicht damit, zu erfahren, was das Auge darbietet. »Das«, sagt er, »will ich ergründen, was jenseits der Welt liegt, ob dort alles grundlos tief und öde sei oder ob es dort auch Grenzen gebe, die das alles einschließen; was es mit dem sei, was außerhalb dieser Grenzen liegt, ob es keine Gestalt habe und ein Chaos darstelle, ob es allseits gleichviel Raum beanspruche oder ob es irgendwelchen Zusammenhang mit den Gesetzen des Schönen habe; ob es in Verbindung stehe mit der Welt, ob es

weit davon entfernt sei und gar im leeren Raum sich bewege; ob es unteilbar sei, woraus alles sich fügt, was geschaffen ist und was dereinst sein wird, oder ob es sich um einen in sich zusammenhängenden Stoff handle, der ganz und gar auch der Veränderlichkeit unterworfen sei, ob die Elemente einander entgegengesetzt sind oder nicht, sondern ob sie vielmehr aus verschiedenen Richtungen miteinander zu gemeinsamer Wirkung gelangen.«

Wenn nun der Mensch dazu geboren ist, solche Fragen zu lösen, dann bedenke doch, wie wenig Zeit er dazu bekommen hat, selbst dann, wenn er die Zeit gänzlich für sich in Anspruch nimmt, ohne durch irgendwelche Rücksichtnahme etwas davon abzwacken zu lassen, und wenn er nicht duldet, daß durch Unachtsamkeit etwas verlorengehe, wenn er vielmehr mit Argusaugen über seiner Zeit Wache hält und bis zur äußersten Grenze der menschlichen Lebenszeit gelangt, wobei ihn das Schicksal nie in der Lösung der von der Natur gestellten Aufgabe stört!

Trotz alledem ist der Mensch eben allzusehr dem Tode ausgeliefert, um das Ewige zu erkennen. Somit lebe ich denn der Natur gemäß, wenn ich mich ganz und gar ihr anvertraue, wenn ich sie grundsätzlich bewundere und verehre. Die Natur aber wollte, daß ich beides tue, daß ich sowohl handle, aber auch Zeit habe, sie zu betrachten. Ja, ich tue beides, denn auch beim Betrachten bin ich irgendwie handelnd tätig.

Aber du sagst dagegen: »Es spielt doch eine Rolle, ob man sich mit der Natur befaßt, um ein Vergnügen zu haben, daß heißt, ob man von ihr nichts anderes begehrt, als daß sie sich unablässig der Betrachtung darbietet; sie ist nämlich angenehm und verfügt über eine gewisse Anziehungskraft.«
Darauf muß ich dir sagen: In gleichem Maße spielt es eine Rolle, aus welcher Gesinnung heraus du für das öffentliche Leben dich betätigst, ob du es tust, um ständig Umtrieb zu haben und um dir niemals Zeit nehmen zu müssen, um deinen Blick von den menschlichen Dingen hinweg zu den göttlichen hinzulenken. Denn wie es durchaus nicht angeht, daß man ohne jegliches Tugendstreben sich mit den Dingen befaßt und ohne jede geistige Ambition und daß man nur die nackten Handlungen von sich ausgehen läßt – denn beides muß sich miteinander vermischen und muß zu einer gemeinsamen Wirkung gebracht werden –, so ist die Tugend, wenn sie sich nicht betätigen kann, wenn sie zum Nichtstun verdammt ist, wenn sie nicht zeigen kann, wie weit sie es gebracht hat, ein unvollkommenes Gut, das des inneren Lebens ermangelt. Wer wird abstreiten, daß die Tugend ihr Fortschreiten in Taten bewähren soll, daß sie sich nicht nur darüber Gedanken machen soll, was zu geschehen hat, sondern daß sie zeitweise auch Hand anlegen muß, um die Ergebnisse ihres Betrachtens Wirklichkeit werden zu lassen.
Natürlich, wenn die Untätigkeit nicht durch den Wei-

sen selbst verursacht wird, nämlich dann, wenn es nicht am Handelnden fehlt, sondern an einer Aufgabe für ihn, dann bist du doch damit einverstanden, daß er in sich zurückgezogen weilt? Doch in welcher Gesinnung begibt sich denn der Weise in seine Abgeschiedenheit? Doch so, daß er weiß, er werde dann auch solches betreiben, was der Nachwelt Nutzen bringt? Wir können doch mit aller Sicherheit behaupten, daß ein Zenon und ein Chrysipp Größeres vollbracht haben, als wenn sie Heere angeführt, Ehrenstellen bekleidet und Gesetze gegeben hätten; und sie haben ja Gesetze gegeben, freilich nicht einem einzelnen Staat, sondern der ganzen Menschheit. Wie sollte denn eine solche Muße einem tüchtigen Mann nicht gut anstehen, da er durch sie eine positive Wirkung auf kommende Jahrhunderte ausstrahlt, wenn er nicht nur vor einigen Wenigen als Redner auftritt, sondern vor allen Menschen aller Völker, vor allen, die da gegenwärtig und in Zukunft leben?

Schließlich aber muß ich fragen, ob ein Kleanthes, ein Chrysipp und ein Zenon ihr Leben nach der eigenen Lehre geführt haben? Und ich will doch mit Sicherheit annehmen, daß du behauptest, jene hätten so gelebt, wie sie lehrten, daß man leben müsse; doch hat sich keiner von ihnen mit den Staatsgeschäften befaßt! Dies erklärst du mit dem Hinweis, sie hätten entweder nicht in dem Rang oder in jenem Ansehen gestanden, das eine Voraussetzung dafür bildet, sich mit den öffentlichen Angelegenheiten zu befassen. Gleichwohl aber sind diese Männer nicht etwa träge gewesen, sie haben den Beweis geliefert, wieviel wertvoller für die Menschheit jene Ruhe ist, die sie gefunden, im Gegensatz zu dem hektischen Treiben der andern. Und obgleich sie sich jetzt den Staatsangelegenheiten fernhielten, sind sie nichtsdestoweniger in den Ruf gekommen, eine große Leistung vollbracht zu haben.

Sodann sind es dreierlei Lebensformen, hinsichtlich derer sich die Frage erhebt, welche die beste sei: Die eine verwendet die Zeit auf das Vergnügen, die andere auf das Forschen, die dritte auf das Handeln.
Vor allem wollen wir nun Haß und Streit beiseite lassen, den Haß, den man unversöhnlich jenen entgegenbringt, die anders denken als wir selbst, und wir wollen untersuchen, ob diese Lebensformen allesamt hinter ihren verschiedenen Bezeichnungen nicht doch auf das gleiche hinauslaufen.
Auch wer für das Vergnügen eintritt, ist für das Betrachten nicht unzugänglich, und wer sich dem forschenden Betrachten verschrieben hat, ermangelt auch nicht des Vergnügens, und wessen Leben dem Handeln zugetan ist, der kennt auch irgendwie das forschende Betrachten. Du versicherst, der Hauptunterschied liege darin, ob das eine oder das andere das erklärte Ziel darstellt oder die unbeabsichtigte Nebenwirkung einer auf ein anderes Ziel gerichteten Handlung. Gewiß, das ist ein wichtiger Unterschied, aber es kann doch das eine nicht sein ohne das andere. Wer

sich dem Forschen hingibt, ist nicht ohne Tätigkeit, und der Handelnde ist nicht ohne forschendes Nachdenken, und der dritte – wir sind uns einig in unserem negativen Urteil über ihn – erachtet nicht ein tatenloses Vergnügen für das Beste, sondern jenes, dem er durch Betätigung seines Verstandes eine gewisse Nachhaltigkeit verleiht; das will bedeuten, daß auch jene Gruppe der dem Vergnügen ergebenen Menschen sich betätigt! Weshalb sollte sie es nicht? Sagt doch Epikur selbst, unter gewissen Umständen werde er selbst sich vom Vergnügen zurückziehen, ja sogar nach Schmerz verlangen, nämlich dann, wenn entweder ein Vergnügen unausweichlich von der Reue gefolgt ist oder wenn ein kleiner Schmerz die Stelle eines größeren einnehmen kann. Was will damit gesagt sein? Nun, wie offenbar das forschende Betrachten der Dinge bei allem eine Rolle spielt. Andere sehen darin ihr Ziel, für uns bedeutet es nur einen Haltepunkt, nicht den Zielpunkt.

Man bedenke ferner, daß man nach der Lehre des Chrysipp in der Weise in Muße leben kann, daß man sie nicht nur über sich ergehen läßt, sondern daß man sie geradezu erwählt. Unsere Schule behauptet nicht, der Weise werde sich in jedwedem Staatswesen betätigen, was aber will es schon bedeuten, auf welchem Wege der Weise zur Muße gelangt, ob deshalb, weil kein Staatswesen für ihn vorhanden ist oder weil er für das Staatswesen nicht zu haben ist, wenn es einfach nirgends für ihn existiert? Es wird nämlich niemals für jemanden existieren, der nur mit Widerwillen danach sucht.

Nun frage ich, mit was für einem Staatswesen denn der Weise sich einlassen wird? Etwa mit dem der Athener, das den Sokrates verurteilte und in dem Aristoteles die Flucht ergriff, um einer Verurteilung zu entgehen, wo der Neid die Bürgertugend unterdrückt? Du wirst doch nicht sagen, der Weise wolle mit einem solchen Staat etwas zu tun haben? So wird er es denn mit Karthago versuchen, wo ständige Revolution herrscht, wo dem Tüchtigsten das Freiheitsstreben zum Verhängnis wird, wo Recht und Billigkeit ganz niedrig im Kurs stehen, wo man die Feinde mit unmenschlicher Grausamkeit behandelt und gegen die eigenen Mitbürger mit feindseligen Maßnahmen einschreitet? Nein, auch um diesen Staat wird er einen Bogen machen! Und wollte ich einen nach dem anderen aufzählen, es fände sich keiner, zu dem der Weise paßte oder den er billigen könnte. Ist es aber unmöglich, den Staat aufzufinden, den wir uns vorstellen, so kommt es dazu, daß man sich wohl oder übel von der Tätigkeit im Staat zurückziehen muß, weil das einzige, was besser wäre als die Muße, einfach nicht vorhanden ist.

Behauptet nun einer, man tue am besten daran, wenn man auf einem Schiff lebe, so will er damit doch nicht sagen, man solle auf jenem Meer kreuzen, wo Schiffskatastrophen die Regel sind und wo sich oft plötzlich

Stürme erheben, die den Steuermann zu einem entgegengesetzten Kurs zwingen! Ich glaube, er verbietet es mir selbst, die Anker zu lichten, wenngleich er das Lob der Seefahrt singt!

Bibliographische Notiz

»Von der Kürze des Lebens« und »Von der Muße« finden sich in dem Band »Von der Kürze des Lebens«, übertragen von H.M. Endres, Wilhelm Goldmann Verlag, München, o.J.

»Vom glückseligen Leben« und »Von der Ruhe des Herzens« entstammen dem Band »Vom glückseligen Leben«, übertragen von H. M. Endres, Wilhelm Goldmann Verlag, München o.J.

»Die moralischen Briefe« finden sich im gleichnamigen Band, der von H.M. Endres übertragen wurde und 1960 im Wilhelm Goldmann Verlag, München erschien.

Die Schriften Senecas sind in vielen Ausgaben lieferbar. Eine kritische Ausgabe seiner philosophischen Werke erschien 1905–1914 in 4 Bänden. Besonders hervorzuheben sind die Ausgaben der »Sämtlichen Tragödien« 2 Bde. (Bd. 2 vergr.), München 1978 sowie die vierbändige Studienausgabe, Darmstadt 1980–87.

AUSGEWÄHLTE TEXTE

Seneca
11046

Michail S.
Gorbatschow 11051

Maria Montessori
11050

Lao-Tse
8435

Nelson Mandela
8439

Meister Eckhart
11024

Prentice Mulford
11023

Rama Krishna
8437

A.D. Sacharow
8440

GOLDMANN